DISCURSO AMOROSO NA LITERATURA INFANTIL

Conselho Acadêmico
Ataliba Teixeira de Castilho
Carlos Eduardo Lins da Silva
Carlos Fico
Jaime Cordeiro
José Luiz Fiorin
Tania Regina de Luca

Proibida a reprodução total ou parcial em qualquer mídia
sem a autorização escrita da editora.
Os infratores estão sujeitos às penas da lei.

A Editora não é responsável pelo conteúdo deste livro.
A Autora conhece os fatos narrados, pelos quais é responsável,
assim como se responsabiliza pelos juízos emitidos.

Por razões técnicas, as imagens não puderam ser reproduzidas em cores.
Sugerimos ao leitor que recorra aos livros citados para acesso
às versões originais de cada uma delas.

Consulte nosso catálogo completo e últimos lançamentos em **www.editoracontexto.com.br**.

DISCURSO AMOROSO NA LITERATURA INFANTIL

BEATRIZ FERES

Copyright © 2023 da Autora

Todos os direitos desta edição reservados à
Editora Contexto (Editora Pinsky Ltda.)

Montagem de capa e diagramação
Gustavo S. Vilas Boas

Preparação de textos
Da autora

Revisão
Lilian Aquino

Dados Internacionais de Catalogação na Publicação (CIP)

Feres, Beatriz
Discurso amoroso na literatura infantil / Beatriz Feres. –
São Paulo : Contexto, 2023.
192 p. ; il.

Bibliografia
ISBN 978-65-5541-260-4

1. Linguística 2. Literatura infantil – Leitura crítica I. Título

23-1760   CDD 410

Angélica Ilacqua – Bibliotecária – CRB-8/7057

Índice para catálogo sistemático:
1. Linguística

2023

EDITORA CONTEXTO
Diretor editorial: *Jaime Pinsky*

Rua Dr. José Elias, 520 – Alto da Lapa
05083-030 – São Paulo – SP
PABX: (11) 3832 5838
contato@editoracontexto.com.br
www.editoracontexto.com.br

Para as queridas Regina, Rosane,
Patrícia, Margareth, Anabel, Roberta,
que sabem escutar com amor, e para
todos os meus alunos, sempre meus
primeiros interlocutores.

Sumário

CONVERSA INICIAL..9

UBUNTU LITERÁRIO:
UMA PRÁTICA AMOROSA DE RESISTÊNCIA.........................13

A IMPORTÂNCIA DO ATO DE LER CRITICAMENTE....................21
    A perspectiva comunicativa..25
    Inferir para *interpretar* para *compreender*......................30
    O contrato de leitura e suas competências 38
    A leitura *crítica* propriamente dita 42

LIVROS PARA (TODAS AS) CRIANÇAS......................................47
    Contar com palavras e imagens......................................56
    O caráter *diegético-mimético* do conto ilustrado 61
    Complementaridade e contraponto.................................66
    A perspectiva narrativa na verbo-visualidade....................70
    Protagonismo de animais, meninos e meninas.................75
    Junto e misturado: descrever, narrar e argumentar 80

ENTRE A POÉTICA E A ÉTICA NOS CONTOS ILUSTRADOS 91
    A linguagem poética do conto ilustrado 93
    Emoção e discurso 107
    A ética amorosa em contos ilustrados 112
    Discurso amoroso e questões sociais 118
    Estereótipos, preconceitos e resistência 122

QUEM CONTA UM CONTO ACRESCENTA UM PONTO... DE VISTA 129
    A representação social da mulher 134
    A afirmação da mulher negra 146
    A violência contra a mulher 155
    Por uma literatura antirracista e amorosa 161
    Amar a diversidade 170

PARA LER O MUNDO MELHOR 179

Referências 183

A autora 189

Conversa inicial

Este é um livro imperdível, mesmo que você não seja de Letras. Se por ventura você se interessa pelo amor, pela leitura de textos de literatura infantil/juvenil, ou mesmo se é uma pessoa sensível, que investe em ampliar cada vez mais sua quota de humanidade, siga em frente.

Beatriz dos Santos Feres é professora da Universidade Federal Fluminense, doutora, muito querida por seus alunos. Fui supervisora do estágio pós-doutoral de Beatriz, o que se constitui numa grande honra no meio acadêmico e, para mim, foi mais que isso. Foi a minha primeira experiência nesse campo. O convite veio em dezembro de 2019, mal conhecia Beatriz e me perguntava se ela estava bem certa da escolha que fizera. Eu confesso que fiquei um tanto assustada na época, mas desafios sempre me fizeram crescer e o tema que ela escolhera – o discurso amoroso – me toca imensamente. Tínhamos algo em comum, afinal!

Em 2020, instalou-se uma pandemia que nos desalojou de todos os lugares confortáveis e seguros de até então. Atravessamos juntas esse momento, Beatriz – ou Bia, como prefiro – participou, a meu lado, dos encontros iniciais por WhatsApp que mantínhamos com os alunos da pós-graduação da UERJ, antes ainda de as aulas retornarem no formato on-line. Apresentou sua pesquisa e encantou a todos com sua generosidade e simplicidade, uma pessoa amorosa no sentido exato da palavra! Tornamo-nos amigas e partilhamos muitos trabalhos e momentos inesquecíveis, também pela responsabilidade que assumíamos. Coordenamos simpósios, escrevemos e apresentamos juntas vários trabalhos, tornamos comuns nossos alunos. Bia veio para o Núcleo de Estudos em Literatura Infantojuvenil da UERJ e para o grupo de pesquisa EnLIJ, do CNPq, certificado pela UERJ, e hoje integra todas as nossas ações. O meio acadêmico nos reserva muita felicidade quando o caminho é percorrido com amor e fraternidade! Beatriz tornou-se, mais que uma amiga, uma irmã parceira em projetos e aventuras pelo cenário universitário e pela vida. Compartilhamos pesquisas, sala de aula, bancas, livros, eventos, dúvidas, problemas acadêmicos e pessoais. Trocamos experiências e aprendizagens, criando uma rede de afeto que engloba nossos pares e nossos alunos. Este livro começou a ser gestado durante esse período e resulta da pesquisa de estágio pós-doutoral de Beatriz. Feitas as apresentações, vamos a ele.

Há um convite, logo de início, a que nos permitamos vivenciar a sensibilidade em meio a um ambiente, hoje, bastante adverso no Brasil e no mundo. Os avanços tecnológicos e da informação conectaram as pessoas ao redor de praticamente o globo todo, mas não provocaram um investimento maior em autoconsciência e amadurecimento nas relações humanas. Em muitos espaços, reina a hostilidade ao diferente, mas se o caminho proposto por Beatriz é o da percepção crítica na leitura de texto e mundo, ele igualmente aponta para a esperança. A literatura, ainda que não seja essa a sua função, pode prestar um excelente serviço de humanização dos seres ditos humanos, como apregoou o mestre Antonio Candido. A literatura infantil, passível de ser lida também para/pelas crianças, pode auxiliar na construção de tempos melhores, alargando olhares e horizontes consciernciais.

Beatriz defende uma ética e uma estética do amor – "ética através da poeticidade", "estética do sentimento" – por meio de uma leitura crítica de texto e mundo, construção de sentidos que implica inferir, interpretar, compreender, fruir, re-agir, cadeia de ações interligadas cujo fim talvez seja auferir o máximo que a leitura literária pode proporcionar: "o exercício da empatia pela imaginação".

Ela percorre o caminho de mobilizar a memória acadêmica do que vale a pena ser (re)pensado e (re)visto, simultaneamente inaugurando travessias e desbravando veredas, por vezes áridas, mas com clareza e suavidade científica: quando percebemos, os conceitos abordados foram acertadamente consolidados devido a posições ideológicas e teórico-críticas claras e bem definidas, exemplificadas por meio de sólida e consistente análise de obras ficcionais. Este é um livro cujo foco de investigação é o discurso amoroso e, em consonância à pesquisa, suas páginas recobrem-se de um texto tecido com paixão e conhecimento, permeado por relevante fundamentação teórica ancorada em diversas ciências, em especial a Semiolinguística, e igualmente por um vasto universo de contos ilustrados, "dando visibilidade a temas relacionados a uma socialização mais humana e justa". Saber e sabor, lembrando Roland Barthes, entrelaçam-se de mãos dadas à sabedoria!

Há uma posição política claramente defendida pela estudiosa: o discurso amoroso, empático. Longe de pieguices, didatismos ou visões simplificadoras, Beatriz defende a literatura como fonte de fruição, mas igualmente como capaz de acionar a consciência que acolhe o próprio eu, numa postura de autoamor, e abraça o outro em sua diversidade, fomentando a convivência humana amorosa e lúcida. O empenho por uma justiça social carece, como lembra Beatriz, de justiça cognitiva, o que significa refutar ideias ingênua ou acriticamente assimiladas: "Se o senso comum preside as relações sociais – e o faz por meio da linguagem –, é por meio dessas relações 'repensadas' que se pode 'reformatá-lo'".

Perpassa a obra o tom de indignação perante injustiças que persistem na representação social da mulher, nas diferenças de raça, na diversidade de gênero sexual, no preconceito, no sofrimento gerado pelo próprio homem contra a vida. Há, de certa forma, uma conclamação a que nos juntemos às várias (e talvez ainda poucas) vozes que denunciam essas arbitrariedades, quer pela arte, que opera *maravilhas*, sensibilizando e igualmente estimulando o pensar crítico; quer pela ação de professores, pesquisadores, pais e responsáveis por crianças, bibliotecários etc., ou seja, pela ação de todos que têm voz e lucidez para iluminar questões que permanecem amordaçadas nos porões da ignorância humana.

Beatriz nos oferece uma pesquisa que clama pela construção de melhores futuros, mais cordiais e fraternos, mais respeitosos e harmônicos, mais alegres e felizes.

A literatura promove ultrapassagens, instiga emoções que provocam *arrepios* e mudanças, sensibiliza a que igualmente se busque uma vida que faça sentido para além da sobrevivência e da acumulação de bens materiais. Este livro concorre não só para acordar as pessoas para o encantamento que a literatura é capaz de suscitar, como de capacitá-las, por meio do conhecimento, a abrir portais e olhar além da superficialidade do texto em busca de seus possíveis sentidos, promotores de mudanças que podem reconfigurar os seres em seus modos de ver, sentir, saber, crer e, consequentemente, ressignificar o agir em sociedade: "a leitura pode transformar mentalidades". O que Beatriz nos propõe é sair do senso comum apassivador para vivenciar o olhar de descoberta e a a-ventura de ler literatura como forma de compreender e de se emocionar, aventura de ser, em si e no outro, metamorfoses contínuas em busca da autoconsciência e do exercício da alteridade, passíveis de serem vivenciadas na e pela linguagem: "Se a linguagem é o que conforma a realidade, é também ela que pode transformá-la, trazendo, discursivamente, reflexões para a renovação do imaginário coletivo baseadas em uma ética do amor, do respeito, do cuidado com o outro".

Este é igualmente um livro apaixonante e inesquecível, daqueles que não conseguimos deixar de lado antes da última página e nos perguntamos quando virá o próximo!

Boa leitura a todas e todos!

Com afeto,

Regina Michelli
(Professora de Teoria da Literatura e de Literatura Comparada da Universidade do Estado do Rio de Janeiro, líder do Grupo de Pesquisa Encontros com a Literatura Infantil/Juvenil: ficção, teorias e práticas (EnLIJ/UERJ/CNPq))

Ubuntu literário: uma prática amorosa de resistência

> *Só resta ao homem*
> *(estará equipado?)*
> *a dificílima dangerosíssima viagem*
> *de si a si mesmo:*
> *pôr o pé no chão*
> *do seu coração*
> *experimentar*
> *colonizar*
> *civilizar*
> *humanizar*
> *o homem*
> *descobrindo em suas próprias inexploradas entranhas*
> *a perene, insuspeitada alegria*
> *de con-viver.*
>
> Carlos Drummond de Andrade
> ("Os homens; as viagens", em *As impurezas do branco*)

Este é um ensaio para quem espalha esperança e, para fazer isso, pode usar livros para (todas as) crianças nos quais transpira o discurso amoroso, aquele que perpassa a convivência respeitosa e justa. Para isso, vamos refletir sobre *leitura crítica*, sobre *contos ilustrados e sua dimensão argumentativa* e sobre *como falar de amor no mundo de hoje*.

Vivemos tempos estranhos – para dizer o mínimo. A humanidade – ou parte dela – parece ter-se esquecido de ser... humana. Negacionismo, discurso de ódio, *fake news*, violências variadas e requintadas (quase inverossímeis), guerras. Uns mais iguais que outros; gente tornada invisível, silenciada à força, "cancelada". Tanta tecnologia, tanta ignorância. Cientificismo sem afeto. De que valerá, repetindo Drummond, conquistar mundos sem ter "equipamento" para encarar "a dificílima dangerosíssima viagem de si a si mesmo" e aprender a "humanizar o homem"?

Como brasileiros que somos (e brasileiros pensantes), sabemos por experiência que à ideia de colonizar costumam se somar as de oprimir, subjugar, violentar, apoderar-se e cometer epistemicídio, ou seja, aniquilar sistemas de pensamento, culturas, modos de viver considerados obstáculos para a submissão de outrem, como explica Boaventura de Sousa Santos (2020) ao conclamar o fim do império cognitivo que perpetua enormes injustiças sociais. Como brasileiros que somos (e brasileiros resistentes), também sabemos que outro mundo é possível, desde que descubramos, em nossas próprias entranhas, "a perene, insuspeitada alegria de con-viver", de *ser com* os outros: *ubuntu*.

Ubuntu é uma noção sul-africana que pode ser sintetizada com a expressão "Eu sou porque tu és", ou "nós com todos", sinalizando uma *ética da coletividade*. Esse conceito tem sido difundido por pensadores progressistas preocupados com a resistência a esses tempos estranhos, que são resultado de um pensamento "colonial" que segrega, oprime e explora o "desigual". Para além do colonialismo histórico, baseado na ocupação territorial e na suposta inferioridade étnico-cultural do "diferente", lidamos com outros tipos de colonialidade, frutos da tríade capitalismo-colonialismo-patriarcalismo: a xenofobia, o racismo, a desigualdade entre gêneros, a homofobia, entre outros. *Ubuntu* parece traduzir bem o desejo de uma realidade menos perversa e intolerante, que não desfaz as diferenças entre grupos sociais, mas busca acabar com a hierarquização imposta por aqueles que se autoelegem dominadores.

Dizendo de outro modo, para resistir à avalanche de absurdos da atualidade, podemos recorrer à *ética do amor*, enfatizada pelos movimentos por justiça social, na forma como bell hooks (nome grafado com iniciais minúsculas em consonância com o desejo da autora, que preferiu, assim, diminuir a importância da pessoa e ressaltar a das ideias) define em *Tudo sobre o amor: novas perspectivas*. O amor, como força transformadora, deve estar no cerne das decisões pessoais e coletivas. Uma ética *do amor* pressupõe o direito de todos – realmente todos – à liberdade e à plenitude do bem-viver. Ela se opõe às culturas de dominação, que cultivam o medo como forma de garantir a obediência. Diz hooks (2020a: 129):

> Quando somos ensinados que a segurança está na semelhança, qualquer tipo de diferença parece uma ameaça. Quando escolhemos amar, escolhemos nos mover contra o medo – contra a alienação e a separação. A escolha por amar é uma escolha por conectar – por nos encontrarmos no outro.

Para "nos encontrarmos no outro", é preciso, portanto, *estar com*, *viver com*, em *conjunção*, importando-se com o todo; com todos: somos o que somos *juntos*. Esse é o caminho de uma política da esperança, que nos move na direção do outro para sermos *nós*. Hooks critica a mídia, mais voltada para um "retrato social" violento, com dominadores e dominados, que parece reforçar uma cultura sem amor, baseada em ideias incrustadas na sociedade, como a do patriarcado e a do racismo. Precisamos, pois, de um olhar crítico em relação ao que difundimos como "realidade", estampada nos bens culturais a que damos valor.

Outro grande pensador, Edgar Morin (2008: 51), preocupado com a Educação, defende uma reforma do ensino que leve o alunado a *pensar*, mais do que a simplesmente a juntar conhecimentos decorados (melhor dizendo: armazenados na memória para "enfeite"). Segundo Morin, mostra-se mais relevante do que isso desenvolver a aptidão para colocar e tratar problemas, ligar os saberes e lhes dar sentido. É preciso aprender a pensar – e pensar com humanidade: "Literatura, poesia, cinema, psicologia, filosofia deveriam convergir para tornarem-se escolas de compreensão". A compreensão humana, ainda de acordo com ele, só é possível quando sentimos e concebemos os humanos como sujeitos – e não como objetos: "ela nos torna abertos a seus sofrimentos e suas alegrias". A ética *da compreensão humana* – ou a *do amor* – revela-se uma exigência crucial de nossos tempos de intolerância generalizada.

O *discurso amoroso* a que nos referimos, então, remete a uma realidade estampada em propagandas, jornais, filmes, novelas, séries, livros com base na aceitação mútua, no combate (sim, porque é uma luta ferrenha) aos estereótipos negativos que unificam pessoas como piores, sem chance de ser o que efetivamente são. É da natureza do discurso amoroso ser invisível, mas sensível. É um discurso que transborda da linguagem e procura presentificar quem é quase sempre invisibilizado; valorizar o que acreditávamos ser ruim simplesmente por ser diferente, "fora do normal", tratado como sub-humano. Falamos de um amor-ação, "amação", decisão por uma ética do cuidado, da responsabilidade, do respeito e do conhecimento, como defende Erich Fromm (2015: 164-165): "A sociedade deve ser organizada de maneira que a natureza social e amante do homem não seja separada de sua existência social, mas se torne uma só coisa com ela".

Precisamos, então, falar de amor, de amar. Quando escreveu *Fragmentos de um discurso amoroso* para falar do amor "enamorado", Roland Barthes (1988: prefácio) justificou a necessidade do livro pelo fato de o discurso amoroso costumar ser abandonado, ignorado, depreciado, ironizado pelas outras linguagens, "excluído não somente do poder, mas também de seus mecanismos (ciências, conhecimentos, artes)". Para além do amor romântico, hooks também menciona a dificuldade de se falar de amor, seja com os mais jovens, seja com pessoas de sua geração, porque, em geral, esse tema é associado à fraqueza ou à ingenuidade. Até por isso ela se lança na aventura de escrever especificamente sobre o tema, defendendo uma *ética do amor* que guie nosso comportamento, sobretudo em relação às mudanças radicais de que a sociedade precisa. Em outras palavras, ambos decidiram – não sem coragem – colocar em pauta o amor e seu significado, cada um à sua maneira. Nós também.

E como, ainda citando hooks (2020b: 89), "[c]ontar histórias é uma das maneiras que temos para começar o processo de construção de comunidade", traçamos estas linhas apostando na capacidade de a literatura nos fazer "penetrar em nossas entranhas", como quer Drummond. Nossa proposta é colaborar para "equipar" as pessoas com... humanidade por meio da literatura infantil, que preferimos chamar de literatura *para crianças*. Desse modo, podemos incluir as crianças que ainda moram em nós, adultos, mas com a preocupação de pensar em um bem cultural que atinge também leitores iniciantes, isto é, leitores cujo processo de letramento se mostra ainda incipiente, assim como o de socialização e consequente aquisição de conhecimento de mundo – fatores que influenciam a maneira de ler e o sentido dado não só ao texto, mas também à realidade circundante.

A leitura, em seu sentido mais estrito, como atividade de decifração da palavra escrita, é um tremendo desafio para várias sociedades, incluindo a brasileira. Todavia, para além do problema de decodificação da palavra escrita, há ainda outro, tão sério quanto: a maioria dos brasileiros termina o ensino fundamental sem nem mesmo dominar a construção do sentido na leitura, quando precisamos, na verdade, ultrapassar o nível de compreensão para chegar à reflexão e à crítica. A escola deveria ser capaz de desenvolver o tipo de leitura que, como explica Maria Helena Martins (2006: 66), apresenta um caráter eminentemente reflexivo, dialético, que estabelece "uma ponte entre o leitor e o conhecimento, a reflexão, a reordenação do mundo objetivo, possibilitando-lhe, no ato de ler, atribuir significado ao texto e questionar tanto a própria individualidade como o universo das relações sociais". É disso que estamos tratando.

Expandindo o significado de leitura para *interpretação*, seja do texto escrito, seja do texto oral; seja de textos mistos, seja de textos sem palavras, o problema só aumenta. É urgente fazer o indivíduo *ler/interpretar* todas as linguagens, inclusive a linguagem do mundo, das relações interpessoais, das hierarquias sociais. O desafio é imenso, mas necessário. Para ser cidadão, é preciso, antes, ser leitor, "interpretador" de sentidos e da realidade – e leitor crítico, tendo acesso às informações de forma autônoma, e não guiado pela "leitura" de outros. O discernimento cívico precisa da competência leitora/interpretadora dos indivíduos. O valor humano e a ética também. A preocupação tatuada neste livro é com uma competência leitora que ultrapassa – e muito – a simples decodificação, levando o leitor a interpretar, a investir seus saberes, a pensar com independência.

Mais especificamente, pretendemos falar do processo leitor, de *leitura crítica*, de *contos ilustrados*, da relação entre palavra e imagem, permeada pelo *discurso amoroso*. Para isso, selecionamos um conjunto de obras de qualidade (leia-se: não "pedagogizantes" e com valor estético), cujas características nos servem para dar exemplo aos conceitos definidos e/ou cujas abordagens salientam aspectos sociais carentes de questionamento, ainda que sejam, muitas vezes, considerados "fraturantes" (Ramos, 2011a), de difícil manejo. Teresa Colomer (2017: 62) nos ensina que a literatura infantil pode ser considerada o melhor documento "para saber como a sociedade deseja ver-se a si mesma". Sendo assim, os livros escolhidos respirarão nosso desejo de repensar o que somos. São livros que mostram às crianças uma maneira de ver o mundo e aos adultos, uma maneira de revê-lo. Se ler, como afirma Vincent Jouve (2002: 117), "de certa forma, é reencontrar crenças e, portanto, as sensações da infância", quem sabe, não conseguimos, com os livros para crianças, reelaborá-las?

No primeiro capítulo, intitulado "A importância de ler criticamente", o *ato de ler* será analisado naquilo que se refere ao processamento do sentido sob a ótica do leitor, que interage com o texto não só para alcançar sua significação, mas, além disso, para, depois de compreendê-lo, conseguir reagir a ele, não só com o intuito de questionar ideias, mas também para se posicionar diante da realidade que nos cerca. Para isso, ganhará destaque a noção de *inferência*, como mecanismo essencial para a interpretação que, por conseguinte, leva à compreensão dos textos.

Em "Livros para (todas as) crianças", segundo capítulo, discutiremos acerca do termo *literatura infantil*, além de focalizar, nesse universo cultural, os livros ilustrados e com ilustração, considerados, aqui, como *contos ilustrados* propriamente ditos, constituídos por narrativas mais ou menos prototípicas, como veremos. Também trataremos das diferenças entre o signo verbal e o visual, seus papéis na construção do sentido, além de sua relação complementar ou em contraponto nas histórias. Para finalizar o capítulo, problematizaremos a mescla de descrição, narração e argumentação na urdidura dos contos.

Já em "Entre a poética e a ética nos contos ilustrados", terceiro capítulo, definiremos não só o conceito de *linguagem poética* em que nos apoiamos para a análise das narrativas selecionadas, abarcando palavra e imagem, mas também o de *ética amorosa*, com o qual nos depararemos, no capítulo seguinte, durante a discussão da resistência a representações sociais cristalizadas, aos preconceitos e aos estereótipos que tanto marcam parcelas injustamente oprimidas na sociedade. A poética e a ética são, portanto, dois aspectos entrelaçados pelo discurso amoroso nos contos ilustrados.

No quarto capítulo, "Quem conta um conto acrescenta um ponto... de vista", analisaremos a dimensão argumentativa de contos ilustrados de acordo com os seguintes eixos temáticos, explorados conceitualmente, a fim de sustentar as análises: a representação social da mulher e da mulher negra (incluindo a violência contra a mulher), o antirracismo (sem esquecer o combate à segregação espacial) e a diversidade de gêneros (também trazendo a homoparentalidade). São temas considerados "fraturantes" na literatura infantil – e, podemos acrescentar, nos bens culturais em geral –, mas cuja discussão torna-se essencial para combater muitas injustiças historicamente "naturalizadas", causando sofrimento desnecessário às pessoas.

Arrematando a conversa, sintetizamos as ideias desenvolvidas no livro em "Para ler o mundo melhor", a fim de sublinhar nosso propósito e estimular a mediação leitora junto às crianças – de todas as idades.

Escolhemos tratar desses conceitos e temas, pensando em um *ensaio*, por causa de certa dose de subjetividade usada ao traçar estas linhas, de engajamento compulsório. Também por "ensaio" nos remeter à ideia de tentativa, de fazer e refazer algo, até que alcance um bom termo, como em ensaios teatrais. No caso, desejamos fazer e refazer o pensamento, até que esteja minimamente elaborado. Cremos que estamos sempre à beira de uma estreia que, mesmo não correspondendo ao planejado, à medida que pensamos juntos, nos faz avançar um pouco na reformulação de ideias cristalizadas, deficientes, na tentativa de melhoramento de nossa condição humana.

Este livro pretende socializar reflexões ruminadas por mais de três décadas de magistério e pesquisa, nascidas de angústias pedagógicas e teóricas que, certamente, encontram eco nas experiências de colegas professores e pensadores. Esperamos contribuir, em alguma medida, para alimentar nossa capacidade de pensar conjuntamente e, com isso, nutrir nossa consciência cidadã no cuidado com o que é de todos: a vida em sociedade.

A importância do ato de ler criticamente

Não serei o poeta de um mundo caduco.
Também não cantarei o mundo futuro.
Estou preso à vida e olho meus companheiros.
Estão taciturnos mas nutrem grandes esperanças.
Entre eles, considero a enorme realidade.
O presente é tão grande, não nos afastemos.
Não nos afastemos muito, vamos de mãos dadas.

Carlos Drummond de Andrade
("Mãos dadas", em *Sentimento do mundo*)

Podemos crer em uma redundância quando se acrescenta o modo – "criticamente" – *como* se deve ler, sobretudo se a expressão está ligada ao tão marcante título da palestra de Paulo Freire (2003), homônima à coletânea que até os dias atuais é fartamente lida. Para Freire, a leitura deve ser sempre a da "palavramundo", isto é, a leitura da palavra precisa nos levar a "ler" o mundo cada vez melhor e, claro, a leitura do mundo deve também sustentar a compreensão da palavra. Assim, a linguagem vai dando "forma" aos "mundos" em que vivemos. Em certa medida, a capacidade de relacionar palavra e mundo traz em si um bom grau de criticidade, já que indica uma habilidade do leitor para vincular o material escrito e compreendido à sua vivência. A necessidade de reafirmar a maneira como a leitura deve ser feita, porém, sublinha um grau mais elevado de criticidade, aquele que, após a compreensão do texto, lança o leitor ao questionamento: por que as coisas são assim?

Ato de ler já nos remete à ideia de *ação*, de *processo* iniciado por vontade do leitor, *agente* que se empenha para compreender o material que se oferece à significação. Dessa maneira, entendemos que, ao se lançar ao desafio da compreensão, o leitor já não é apenas um *ledor* que tão somente entende códigos, mas alguém que investe suas forças e seu conhecimento para "dar sentido" a um texto, *agindo* sobre ele de acordo com a memória guardada da realidade e com seu ponto de vista. Trata-se de uma ação dialógica, de "mão dupla", como ensina Freire. O leitor aciona o saber armazenado em sua mente para compreender o lido e o texto lhe acrescenta novos saberes, para futuras leituras – de mundo ou da palavra. À proporção que conhece mais textos e mais experiências, maior capacidade interpretativa terá – desde que aprenda relacionar os conhecimentos adquiridos ao longo do tempo.

A fim de mostrar o funcionamento do dialogismo no *ato de ler*, vejamos brevemente como se interpreta o livro ilustrado *Selma*, de Jutta Bauer (2007). Para essa leitura, não é preciso ter um vasto repertório mnemônico, pois poucos elementos são acionados: basicamente, uma ovelha, um lobo e o Grande Bode; a ambientação é o campo e o tempo, indeterminado. Nas ilustrações, as imagens mostram as personagens e suas ações, fundo branco e traços simples. A narrativa começa com o lobo diante de uma taça de vinho, dizendo: "Quando cansei de pensar na questão, procurei o Grande Bode". "A questão", entretanto, ainda não fora referida. O leitor inicia a interpretação com um "suspense" a ser decifrado.

Na página seguinte, a questão enfim é apresentada pelo lobo ao Grande Bode, que se encontra no alto de uma colina: "O que é a felicidade?". Na página subsequente, o Grande Bode não responde diretamente, apenas diz: "Vou te contar a história de Selma, a ovelha...". A partir desse momento, o livro inteiro se estrutura da mesma forma: na página à esquerda, um enunciado verbal e à direita, uma ilustração.

Eis a história de Selma, uma ovelha que vivia uma rotina simples: comia grama ao nascer do sol, ensinava as crianças a falar ao meio-dia, praticava esporte à tarde, comia grama novamente, conversava com dona Maria ao anoitecer e, enfim, dormia profundamente.

> Questionada sobre o que faria se tivesse mais tempo, Selma respondeu:
> Eu comeria um pouco de grama ao nascer do sol...
> ...conversaria com as crianças... ao meio-dia!!
> Depois praticaria um pouco de esporte...
> ...comeria grama...
> ao anoitecer, seria um prazer papear com a dona Maria...
> ...e não poderia faltar um sono bom e pesado.
> "E se a senhora ganhasse na loteria...?"
> Bem, eu comeria muita grama, de preferência ao nascer do sol...
> ...falaria muito com as crianças...
> ...depois praticaria um pouco de esporte...
> ...à tarde comeria mais grama...
> ...ao anoitecer, gostaria de papear com a dona Maria.
> Depois, eu cairia num sono profundo e pesado. (Bauer, 2007: 20-47)

É preciso esclarecer que a ilustração acrescenta informações não oferecidas pela parcela verbal do texto: dona Maria é um urubu (ou uma ave semelhante) e as crianças, ovelhinhas; um repórter faz as perguntas a Selma (indicado por uma metonímia imagética: uma mão segurando um microfone e é, portanto, representado por um homem); "correr do lobo" é o esporte a que a ovelha se refere. A apreensão visual desses personagens e dessas ações já demanda algum conhecimento de mundo para que, por semelhança entre a ilustração e as imagens da realidade, possa ser realizado.

A história de Selma termina exatamente nesse ponto, sem mais nenhum comentário ou imagem, assim como se encerra a explicação do Grande Bode para a pergunta do lobo sobre a felicidade, obrigando o leitor a completar a resposta, ou racionalizá-la depois de chegar a uma conclusão sobre o que fora narrado: Selma escolheria a mesma vida se tivesse mais tempo ou se ganhasse na loteria, então a felicidade não está no que se tem, mas em como se vive, gostando da vida como ela é. É uma dedução simples, estimulada pelo estranhamento causado pelo final abrupto, mas que deve ser elaborada pelo leitor nas relações que opera entre texto e contexto, entre texto e outros textos já lidos.

O fato de os animais agirem como pessoas vai se repetir infindavelmente nas histórias, mas, ainda que o leitor iniciante não tenha conhecimento de muitas delas, parece fácil a transposição operada pela prosopopeia na narrativa. O reconhecimento do Grande Bode como alguém muito sábio também pode depender de outras leituras, mas a sua sabedoria pode ser inferida porque o lobo, não encontrando a resposta para uma pergunta que o incomodava, resolveu acionar alguém considerado "grande".

À medida que vai acumulando leituras, o leitor poderá reconhecer o gênero textual a que se filia a narrativa: é uma fábula. Com isso, é criada a expectativa de ter uma "lição" a ser aprendida com o texto, característica desse gênero. Esse conhecimento é parte das *constantes interpretativas* que o leitor vai adquirindo, assim como a estrutura narrativa com começo-meio-fim que, no caso, deixa uma lacuna aberta para o leitor preencher. Dialogicamente, a experiência de vida alimenta o sentido do texto e o texto, o sentido da vida.

O leitor experiente, que já acumulou mais conhecimento e, portanto, domina essas constantes interpretativas, aciona facilmente a intertextualidade para reconhecer o gênero, os personagens como pacíficos (ovelha), ou agressivos (o lobo, quase sempre) e, provavelmente, será capaz de identificar as atitudes de Selma como divergentes das da maioria das pessoas (inclusive as suas), que pensariam na felicidade como a possibilidade de modificar sua maneira de viver, caso tivessem mais tempo ou mais dinheiro. O fato de o repórter ser figurado como um homem, e não um animal que age como homem, parece trazer implícita a ideia de que ter tempo e dinheiro é um valor dado apenas pela "humanidade". A proposta do texto, portanto, é de reflexão sobre o que é a felicidade para cada leitor, ou o que vem sendo colocado como fonte de felicidade em sua vida.

É preciso salientar que tratamos aqui do *ato de ler* como *processo comunicativo* – não que seja a única maneira de entendê-lo, mas essa é a nossa perspectiva. Isso quer dizer que o ato de ler é visto como *intersubjetivo*: quem lê sabe que houve outro sujeito que produziu um material significativo e o ofereceu à compreensão. Quem produz um texto também o faz com a consciência da existência de um interlocutor – ainda que somente imaginado. Esse interlocutor idealizado pelo produtor também age sobre a maneira de dizer no texto, pois a simples existência de um outro que vai ler orienta o modo de produzir, afinal, não se pode dizer tudo de qualquer modo e em qualquer circunstância. A autora de *Selma* sabia que precisaria adequar suas escolhas sobre o *modo de dizer* para a história ser compreendida pelo leitor que ela idealizou. O leitor também cria expectativas em relação ao livro, de capa dura, tamanho diminuto, com enunciados verbais reduzidos e ilustrações contando parte da história. Um *modo de ler* é acionado em função de tudo isso. Dialogicamente. Torna-se *comum* um texto, tendo, produtor e leitor, a responsabilidade de colocar nele o que trazem de conhecimento da vida e do mundo, a fim de levar dele algo novo.

A PERSPECTIVA COMUNICATIVA

Tendo sido escolhida a perspectiva *comunicativa* (e, por consequência, na nossa visão, *intersubjetiva*) para tratar do ato de ler, *texto* será definido como *um conjunto de signos organizado de acordo com uma intencionalidade, com as circunstâncias da troca e com os saberes partilhados pelos interlocutores, direcionado por um desejo de influência*, pois entendemos que todo texto carrega, em alguma medida, uma finalidade de convencimento, de apresentação de uma ideia a ser absorvida pelo interlocutor. Além disso, ao usarmos a expressão "conjunto de signos" (e não "conjunto de palavras" ou "de frases") para nos referirmos a *texto*, queremos nos remeter não somente ao signo verbal, mas a uma materialidade que sempre sofre a interferência de outra modalidade de signos ou de códigos que se juntam ao tipo sígnico predominante para que o sentido se complete.

Mesmo a palavra, proveniente de um sistema de signos bastante funcional e, aparentemente, autônoma na comunicação, nunca atua isoladamente. Se escrita, ela é associada a outros elementos codificados, como pontuação, emprego de letras maiúsculas e minúsculas, reticências que indicam pausas, entradas de parágrafos, travessões que indicam o discurso direto, aspas, negrito, itálico. Na história de Selma, a parcela verbal é grafada como se tivesse sido escrita à mão, o que indica o tom "pessoal" da narrativa. Nas histórias em quadrinhos, temos balões de fala, de cochicho, de sonho e a narrativa impulsionada pelas imagens. Nos jornais, o tamanho da fonte e as cores também provocam sentidos. As maiúsculas no aplicativo de celular WhatsApp indicam mensagens "gritadas". Na comunicação oral, pausas, entonações, ritmo, altura também acrescentam sentidos. Enfim, a *multimodalidade* está sempre presente nas trocas comunicativas, até quando se pensa que o texto é "monossemiótico".

Aqui, portanto, a noção de texto estará ligada às múltiplas semioses que o constituem e que interagem para fazer *acontecer* o sentido. Isso será acentuado em virtude de nosso interesse pelos livros ilustrados e pelos livros com ilustração, do domínio literário, cuja característica principal é a conformação verbo-visual que alia palavras, fontes, imagens, cores, linhas, diagramação. Em outros termos, nosso objeto de análise será um texto *complexo* por natureza. Desse modo, a própria ideia de *ler* será ampliada. *Leitura* será entendida como *processo de elaboração de sentidos relativos a um material significativo utilizado na comunicação*. Com a expressão *material significativo* indicamos o conjunto de signos e códigos, por mais variados que sejam, que se reúnem de maneira planejada para expressar sentidos e causar efeitos específicos. Embora essa definição englobe também os textos orais, os verbo-voco-visuais, entre outros, restringiremos nosso foco àqueles que aliam palavra e ilustração como semioses de primeiro plano, podendo ser caracterizados como iconoliterários, e que serão chamados de *contos ilustrados*.

Ler, por conseguinte, é *construir sentidos*. Para isso, não basta ao leitor decodificar, reconhecendo letras, sílabas, palavras, frases, imagens etc. Essa é a parte mais simples, ainda que fundamental, do processo. Não lemos um texto em mandarim sem o conhecimento dos símbolos e da língua, claro. Mas também podemos afirmar que não lemos efetivamente um texto em português se não relacionamos o lido ao vivido e ao já lido antes; se não compreendemos a linguagem figurada; se não prestamos atenção ao gênero do texto, ou a seu autor e à sua intencionalidade. Todos esses dados externos ao texto são essenciais para a construção do sentido. No caso dos contos ilustrados, esperamos, enquanto leitores, um texto construído para ser fruído, "curtido", "opaco", feito para ser apreciado, e não algo "transparente", que faça referência à realidade de forma objetiva. Contamos com a subjetividade do texto, além do desafio de uma leitura "cifrada", mais indireta, afetiva, voltada para "mexer" com nossa inteligência, com nossa sensibilidade, com nossa humanidade.

Podemos perceber a "opacidade" dos contos ilustrados em *A flor do mato*, de Marcelo Pimentel (2018), por causa, sobretudo, da plasticidade do texto.

Figura 1 – Opacidade na plasticidade do texto

Fonte: *A flor do mato*, de Marcelo Pimentel (Positivo, 2018: 22-3).

Nessa obra, Marcelo reconta uma história da Zona da Mata nordestina que trata do "misterioso chamado" que vem do fundo da floresta. Os grafismos do maracatu rural são usados como inspiração para as ilustrações. O acesso a essa informação é obtido no peritexto editorial (Genette, 2009) do livro, isto é, em uma das partes do livro sob responsabilidade do editor (como capa, contracapa, página de rosto e seus anexos) – no caso, na orelha. O padrão imagético, porém, evoca as xilogravuras em preto e branco, tão comuns nos cordéis, outro bem cultural associado à cultura nordestina, brasileira. As ilustrações que ocupam quase toda a totalidade do livro, com seus traços e cores, servem, então, como (novo) componente do repertório mnemônico do leitor relacionado ao imaginário de brasilidade.

Figura 2 – Passado

Fonte: *A flor do mato*, de Marcelo Pimentel (Positivo, 2018: 38-9).

Em 18 pares de páginas nas quais se espraiam as cenas ilustradas, a narrativa se desenvolve sem o auxílio da palavra. Em um ambiente rural, um menino, sem que os adultos ali próximos percebam, persegue uma borboleta em direção à mata, fazendo com que, lá, ele encontre uma menina faceira. Ela atrai o garoto para brincadeiras dentro da floresta, até que oferece a ele uma flor cujo aroma o faz flutuar. Distraído com isso, bate com a cabeça e perde o chapéu. Acordado por seu cachorro, ele volta à casa, deixando lá a menina, que se mostra decepcionada.

Até esse momento da narrativa, todas as cenas são ilustradas em preto e branco, com poucos elementos vermelhos: somente a borboleta, a flor ofertada e outra, no cabelo da menina. Na última página dupla, porém, o leitor é surpreendido com o colorido de uma imagem: um senhor de barba branca e cachimbo na boca olha, de sua janela, para a mata. As montanhas com plantações, a própria mata, as flores de seu quintal, o céu e até o vento compõem um cenário bonito e alegre – embora o semblante desse senhor mostre certa tristeza.

Figura 3 – Presente

Fonte: *A flor do mato*, de Marcelo Pimentel (Positivo, 2018: 40-1).

Essa imagem é quase um "decalque" da página dupla anterior, que mostra exatamente a mesma cena, mas em preto e branco, como o trecho do livro que antecede essa parte da narrativa. Na cena-fonte, o personagem que olha fixamente para mata ainda é uma criança; a casa e a cerca estão igualmente mais novas e bem cuidadas. Agora, no colorido do presente, tudo parece mais deteriorado.

Na penúltima página, lemos, na única parte escrita da história, a contextualização verbal dos fatos, que converge com a ilustração na página à direita, trazendo o mesmo senhor da imagem anterior, à mesa com uma criança:

– E foi assim que ela me enfeitiçou. Florzinha do mato, menina encantada.
– Não chegue perto da mata, não! Senão ela te leva embora e você não volta nunca mais.
– Até hoje ela ainda tá lá.

— Mas eu não vejo, vô! Nunca vi.
— Mas eu vejo, meu filho, eu vejo. Escuto o assovio. Um dia ela vem devolver meu chapeuzinho. E aí vai me levar pra mata de vez. Pra descansar.

O que a opacidade desse texto nos mostra é uma maneira de narrar bastante singular, com *tratamento estético*, e exigente de *cálculo de sentido*. É preciso reconhecer os personagens e suas ações nas imagens; a brasilidade, nos grafismos que remetem ao maracatu, nos elementos visuais que indicam a vida no campo, na negritude dos personagens; a passagem do tempo na comparação e no contraste entre as páginas duplas do final da história, que repetem a cena da "atração" pela menina, deduzida também a partir do olhar fixo do protagonista em direção à mata. A fixação do sentido geral da parcela imagética é realizada por meio de uma única página escrita, que explica e especifica do que a sequência de cenas ilustradas tratava.

A beleza dos traços e da composição das cores; a meninice dos personagens (de fácil identificação por parte das crianças leitoras – de qualquer idade); a própria representatividade do negro estampada nas figuras humanas; o caráter memorial acionado pelas imagens em preto e branco, tudo isso nasce da atenção à materialidade "opaca" do texto e das relações que o leitor estabelece entre seus elementos internos e entre eles e algumas informações externas. É um texto para se observar, pensar, contemplar e deixar-se afetar pelos sentidos e pelos sentimentos. O percurso da comunicação se completa quando os sentidos oferecidos pelo texto e os sentidos construídos pela leitura se fundem na intersubjetividade.

INFERIR PARA INTERPRETAR PARA COMPREENDER

Se *ler é construir sentidos* e se, para isso, precisamos relacionar os elementos que constituem o texto entre si e a outros externos a ele, podemos dizer que *ler é interpretar* o sentido específico de um texto a partir dessas combinações. Para o leitor alcançar a compreensão global de um texto, ele precisa *calcular o(s) sentido(s)*, criando expectativas a partir de pistas que o próprio texto fornece e, depois, confirmando-as ou não, de acordo com o avançar da leitura. Tanto a criação de expectativas quanto suas confirmações são realizadas somente após serem feitas relações entre elementos do texto, e entre texto e contexto. Dessas relações depende o processo *inferencial*.

Patrick Charaudeau (2019: 15), o fundador da Teoria Semiolinguística de Análise do Discurso (vertente da Linguística à qual nos filiamos) define *inferência* como "um mecanismo cognitivo pelo qual o receptor de uma mensagem interpreta, a partir de um ato de linguagem dado, um sentido que ele tira dos elementos que foram enunciados, seja combinando-os entre si, seja apelando para dados da vizinhança linguística e para saberes sobre os interlocutores".

O caráter operacional desse mecanismo, por um lado, depende das "pistas" deixadas pelo produtor no texto e, por outro, do efetivo trabalho do leitor, já que precisa desenvolver a habilidade de relacionar os elementos. As inferências, então, são decisivas para a *interpretação*, vista como o *processo* que leva à *compreensão*, seu produto. Sem inferir, o leitor não chegará à significação efetiva do texto.

Há inferências *internas* ao texto que dizem respeito ao reconhecimento de mecanismos linguísticos e coesivos, por exemplo. Na atividade de leitura mediada, na sala de aula, a condução para realizar esse tipo de inferência é uma oportunidade de explorar a análise linguística e semiótica a favor da interpretação. Por exemplo, em *A flor do mato*, na fala do avô, precisamos entender que o conector "e" – que inicia o que ele diz, mesmo sendo uma conjunção – indica uma continuidade em relação a algo anterior: "E foi assim que ela me enfeitiçou. Florzinha do mato, menina encantada" (Pimentel, 2018: 42). Deduzimos, então, que as tantas páginas ilustradas que precedem esse enunciado correspondem à história que ele contava ao neto, substituída por advérbio "assim". "Ela" se refere à Florzinha do mato, referida verbalmente em um movimento projetivo, estando localizado posteriormente o substantivo que preenche o sentido do pronome (embora o leitor possa deduzir o sentido de "ela" também pelo que já conhecia da parcela visual). O aposto "menina encantada" é fundamental para dar o tom maravilhoso, mágico, à personagem-menina. A "repetição" das personagens nas diversas cenas nos obriga a fazer uma relação entre os acontecimentos, funcionando como elemento de coesão textual. Todas essas relações são realizadas a partir de elementos da materialidade do texto, sejam baseados no sistema da língua, sejam baseados na forma como as imagens foram organizadas no texto. São relações feitas "internamente", sem auxílio de dados externos.

Podemos dizer que as inferências internas são efetuadas de acordo com o conhecimento linguageiro do leitor, ou melhor, o conhecimento linguístico e semiótico (englobando o signo visual e outros códigos associados), ainda sem considerar o contexto e os dados externos ao texto. Já as inferências externas exigem mais cuidado do leitor, que precisa investir todo seu conhecimento armazenado na memória para realizá-las. Elas se dividem em inferências *situacionais* e *interdiscursivas*.

As inferências *situacionais* são as que dependem do que o leitor conhece a respeito das circunstâncias que envolvem a circulação do texto que lê. Por *circunstâncias* entendemos os elementos necessários para haver uma troca *intersubjetiva*: quem se comunica com quem; onde; quando; por que/para que, ou, em outras palavras: o produtor do texto e o tipo de leitor idealizado por ele; a época da publicação e o veículo utilizado; o gênero textual a que se filia e sua intencionalidade prototípica. Esse tipo de inferência externa exige um conhecimento praxeológico, isto é, próprio do que se sabe sobre a prática comunicativa.

Na leitura de *A flor do mato*, por exemplo, o leitor aciona seu conhecimento acerca dos contos ilustrados – como gênero de texto –, dos quais se espera uma história contada, ficcional, com narrador (às vezes implícito), personagens, ação, ambientação, passagem de tempo, além de uma materialidade *extraordinária*, com tratamento estético, tendo palavra e imagem como linguagens complementares e uma destinação provavelmente voltada (também) para leitores iniciantes. Não se trata de um texto *ordinário*, rotineiro, factual, cuja finalidade é apenas dar uma informação. Outro aspecto importante é que não será possível o leitor intervir na organização do texto, visto que ele vem "acabado", com a materialidade finalizada em um produto "monologal"; mas o sentido vai depender de sua interação com o texto. Se o autor é conhecido previamente, pode-se esperar um determinado estilo no texto. Enfim, diante de um bem cultural que circula em um grupo de indivíduos, essas informações das circunstâncias da troca comunicativa, que oferecem ao leitor um roteiro de leitura, são automaticamente evocadas na realização das inferências situacionais.

Já as inferências *interdiscursivas* dependem do reconhecimento de dados não referidos no texto que se lê, mas evocados por "pistas" textuais, para o preenchimento de lacunas interpretativas em função de uma intertextualidade (em sentido amplo), no que diz respeito tanto à forma quanto ao conteúdo. São as inferências realizadas a partir do domínio de saberes *de conhecimento* e *de crença* partilhados. Nenhum texto é produzido "do nada"; é sempre necessário recorrer aos textos que vieram antes e aos saberes que circulam em nossa sociedade.

Um dia, um rio, de Leo Cunha e André Neves (2016), pode nos ajudar a entender como sentidos são construídos por meio de inferências interdiscursivas, das quais todos os textos escritos e/ou fixados em uma materialidade dependem, pois o sentido nunca é totalmente explicitado. Há necessidade de o leitor inserir no cálculo do sentido o que sabe enquanto membro de uma coletividade, orientado pelas pistas oferecidas no texto. Nessa narrativa lindamente ilustrada, um rio faz um autorretrato poético:

> Um rio.
>
> Cama de canoa,
> espelho de lua,
> caminho de peixe,
> carinho de pedra.
>
> Minha dança colore os mapas.
> Meu canto refresca as matas.
> Minhas veias irrigam florestas,
> alimentam o cerrado,
> aliviam o sertão.

Corri por entre as tribos,
povoados,
gentes.

Enchi de casos os pescadores,
de lembranças os viajantes,
de encanto os menestréis.

Um dia eu fui rio,
bacia,
vale.

Eu era melodia... [...] (Cunha e Neves, 2016: 4-7)

Entretanto, o rio é "silenciado" por uma "máquina humanizada" (representada imageticamente como um mecanismo industrial com rosto de gente), que expele rejeitos da cor do barro, cobrindo tudo o que há.

Figura 4 – Máquina humanizada

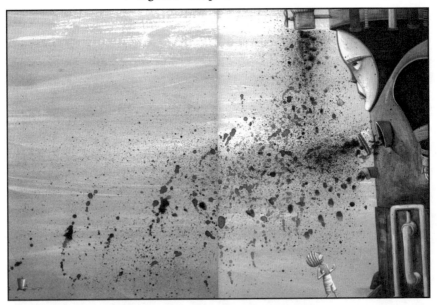

Fonte: *Um dia, um rio*, de Leo Cunha e André Neves (Pulo do Gato, 2016: 9-10).

O colorido das ilustrações passa a ser coberto por um "véu" marrom, que "embaça" tudo.

Figura 5 – A lama destruidora: "Hoje sou silêncio."

Fonte: *Um dia, um rio*, de Leo Cunha e André Neves (Pulo do Gato, 2016: 11-12).

Continua o rio:

Hoje sou silêncio.

Meu leito virou lama,
meu peito, chumbo e cromo.
Minhas margens, tristeza.

Eu era doce,
hoje sou amargo.

Minha
aldeia
mora
submersa
dentro
de mim.

Com lágrimas de minério, vou sangrando até o mar. [...] (Cunha e Leite, 2016: 11-4)

Nas páginas seguintes, o rio passa a ser vermelho e carrega a morte, representada por crânios, peixes antropomorfizados que carregam casas, igreja, prédios, pescadores com rede vazia, crianças e espinhas de peixe que parecem nadar.

Vários conhecimentos a respeito do mundo e das coisas que o compõem são solicitados para a compreensão das metáforas iniciais: "cama de canoa", "espelho de lua", "caminho de peixe", "carinho de pedra". Toda metáfora exige um conhecimento externo ao texto, no qual se baseia a aproximação de elementos, e de onde, depois de aproximados os elementos, se extrai uma qualidade comum – além de nos fazer criar, na mente, uma imagem carregada de emoção. A autodesignação qualifica o rio em alguns atributos facilmente identificados por quem já teve a experiência direta, sensível, com um, ou viu uma imagem material de um: a canoa flutua no "leito" do rio, tão íntima de seu amparo e, portanto, o rio se assemelha a uma cama; a lua se reflete no "espelho d'água", logo, o rio se parece com um espelho; os peixes seguem seu curso, então o rio se parece com o caminho deles; as pedras se arredondam com seu toque constante, por isso a erosão causada pelo rio às pedras se assemelha a um carinho. Em primeira pessoa, ele elenca outros atributos, sempre poeticamente: seu movimento é como "dança"; seu som, "refresco"; suas ramificações, "veias" que mantêm viva a natureza. Foi o rio que juntou gente para viver perto dele e inspirar narrativas. Ele "era melodia". Mas um dia, tudo acabou com o despejo de lama.

O livro foi escrito após o rompimento da barragem da Samarco, em Mariana (Minas Gerais), vertendo milhões de rejeitos de minério na bacia do Rio Doce, atingindo comunidades ribeirinhas e indígenas. Conhecer esse fato amplifica a tristeza expressa pelo desastre figurado no livro: "Com lágrimas de minério, vou sangrando até o mar". Mais linguagem figurada indica o rompimento da barragem – "com lágrimas de minério" – e a morte do rio – "vou sangrando até o fim", porque o leitor sabe, segundo o que já viveu e já aprendeu ao longo da vida, que "lágrimas" está para "tristeza" e "sangrar até o fim" para "morte", ainda que seja de um ser antropomorfizado: o rio. As espinhas de peixe no curso do rio também representam a morte. O desastre de Mariana não é nomeado; somente suscitado através das inferências interdiscursivas que essas pistas descritas sugerem. E, claro, quem não tem conhecimento do desastre "real" talvez "sinta menos" o que o livro nos mostra.

Como é possível constatar com esses exemplos, as inferências interdiscursivas dependem do conhecimento referencial ou enciclopédico do leitor, aquele sobre o qual não incide sua subjetividade; conhecimento que pode ser comprovado (por exemplo: a Terra é redonda; o desastre de Mariana). Porém, esse tipo de inferência também pode exigir o conhecimento axiológico, aquele que diz respeito às crenças, às avaliações e aos comportamentos comuns aos indivíduos de um grupo social.

Entender o rio, a natureza, como "seres viventes" que merecem respeito é uma ideia bastante difundida pelos povos originários, verdadeiros guardiães da natureza: "O rio Doce, que nós, os Krenak, chamamos de Watu, nosso avô, é uma pessoa, não um recurso, como dizem os economistas. Ele não é algo de que alguém possa se apropriar", afirma o líder indígena e ambientalista Aílton Krenak (2020: 40). Ao tomar a natureza como *pessoa*, infere-se que *Um dia, um rio* advoga essa causa e se coloca contrário aos exploradores, por isso o rio "sangra"; por isso ele se reconhece como "carinho de pedra".

No trabalho de mediação comumente realizado pelo professor, a capacidade interpretativa do aluno pode ser alargada com a percepção das "pistas" textuais e da relação entre elas e os dados externos ao texto, por meio das inferências, até que o leitor atinja a compreensão global dos sentidos. Desse modo, é possível colaborar para o desenvolvimento da competência leitora do alunado. Muitas das informações mencionadas aqui talvez devam ser fornecidas a uma turma de ensino fundamental antes de se ler o livro, a fim não só de deixar salientes dados importantes para a compreensão do texto como um todo, mas também para permitir que, durante a interpretação, o leitor faça as inferências de forma quase autônoma.

O CONTRATO DE LEITURA E SUAS COMPETÊNCIAS

Ainda sobre os tipos de inferência, podemos relacioná-los ao interessante quadro de competências exigidas pelo contrato de leitura proposto por Wander Emediato (2007: 86) – não sem ampliá-lo a fim de incluir o signo imagético. Inspirado pela Teoria Semiolinguística de Análise do Discurso, Emediato parte do princípio de que o "destinatário (leitor) é uma figura imaginária inscrita em filigrana na página através de índices e marcas que funcionam como traços de inferências abdutivas no processo de produção sobre a instância ideal de recepção". Assim sendo, o contrato de leitura prevê um leitor capacitado para interpretar o texto de acordo com as pistas que sua materialidade oferece. Para tanto, será preciso desenvolver competências diversas que, conjugadas, o tornam um leitor experiente.

Considerar que a leitura se realiza em função de um contrato significa dizer que há diretrizes próprias (diferentes, por exemplo, das de uma conversa face a face), previamente estabelecidas pela coletividade com base em experiências recorrentes, aprendidas durante o processo de socialização. A ideia de contrato, emprestada do sistema jurídico, associa o ato de ler a parâmetros inescapáveis. Ao longo do processo de letramento, o indivíduo domina estratégias para construção do sentido fundamentadas pelos conhecimentos que vai armazenando e, com isso, realiza inferências, *interpretando*, para além de decodificar. Os conhecimentos dizem respeito ao(s) código(s) usado(s) no texto, à sua organização; aos conhecimentos prévios variados; aos julgamentos realizados pelo grupo a que pertence o leitor e às ações exigidas dele nas variadas situações de leitura.

Quadro 1 – Competências do contrato de leitura

COMPETÊNCIA	INFERÊNCIA
LINGUÍSTICA/SEMIÓTICA para reconhecer signos e códigos, a forma de estruturação dos enunciados, os estilos	INTERNA ao sistema linguístico e ao texto, ainda sem associar ao contexto
ENCICLOPÉDICA OU REFERENCIAL para reconhecer os saberes de conhecimento, em um espaço de semantização discursiva	EXTERNA ao texto, associada ao contexto histórico-cultural
AXIOLÓGICA para reconhecer os saberes de crença, os sistemas de valores e os pontos de vista	EXTERNA ao texto, associada ao contexto histórico-cultural
PRAXEOLÓGICA OU SITUACIONAL para reconhecer as circunstâncias que envolvem a enunciação e os esquemas de ação dos interlocutores, os roteiros e os *scripts*	EXTERNA ao texto, associada ao contexto situacional

Fonte: Elaboração própria com base em Emediato (2007) e em Charaudeau (2019).

É possível vislumbrar o acionamento dessas diversas competências leitoras, por exemplo, na interpretação de uma charge criada por Alberto Montt para o Dia Internacional da Mulher de 2019: nela, Chapeuzinho Vermelho, conhecida personagem dos contos de fadas, aparece pisando no lobo morto, com o punho levantado. Em segundo plano, inscrevem-se na cena os dizeres "8M" e "libres vivas unidas". A *competência linguística/ semiótica* permite o leitor reconhecer o símbolo desse dia emblemático, 8 de março – 8M – e, caso o leitor conheça um pouco da língua espanhola, as palavras "libres", "vivas" e "unidas". Também a imagem da menina de roupa vermelha e a do lobo, além do gesto de vitória dela e do estado dele (imóvel, língua para fora, olhos com um sinal em cruz representando a falta de vida) dependem desse tipo de conhecimento.

Relacionando texto e contexto, com a *competência enciclopédica*, o leitor aciona a intertextualidade da charge com o conto de fadas, no qual o lobo é um "devorador", assim como a vitória, anunciada pelo gesto de Chapeuzinho Vermelho, como sendo a de todas as mulheres vítimas de "devoradores". O lobo passa a representar, metaforicamente, o machista que violenta de muitas formas a mulher. Os dizeres, relacionados à imagem, identificam a luta feminina contra a violência do homem, muitas vezes resultando em feminicídio – por isso, lê-se "vivas".

A tomada de posição do enunciador desse texto é interpretada a partir desses parâmetros, mas depende do *conhecimento axiológico* do leitor acerca do machismo e da sociedade patriarcal.

Por fim, referendando todas essas inferências e finalizando o sentido do texto, a *competência praxeológica* confirma a intencionalidade emanada desse conjunto de signos e códigos como expressão de um ponto de vista contrário ao sistema de pensamento vigente, tanto por ser uma charge, gênero essencialmente crítico, quanto por ser possível reconhecer, pelas pistas textuais, um produtor afinado com a causa feminina e seu destinatário – a sociedade em geral. O leitor competente precisa deter, portanto, conhecimentos variados e os relacionar, tomando como base o enquadramento do texto, fazendo inferências internas e externas para interpretá-lo, para chegar, enfim, à significação.

Quando nos referimos especialmente ao contrato de leitura literária, há, sim, conhecimentos enciclopédicos específicos, relacionados às obras e aos autores, aos estilos e aos subgêneros literários, assim como recursos linguageiros mais elaborados, exigidos na interpretação. Uma educação literária, portanto, depende de uma mediação que atente para um contrato não só singular, mas especial, porque nele a linguagem ganha um tratamento que maximiza seu potencial. Para esse contrato, exige-se uma "iniciação", um estímulo à sensibilização quanto aos recursos oferecidos pela linguagem em sua relação com o mundo. Nessa direção, Cosson (2006: 30) afirma o seguinte:

> É justamente para ir além da simples leitura que o letramento literário é fundamental no processo educativo. Na escola, a leitura literária tem a função de nos ajudar a ler melhor, não apenas porque possibilitaria a criação do hábito de leitura ou porque seja prazerosa, mas sim, e sobretudo, porque nos fornece, como nenhum outro tipo de leitura faz, os instrumentos necessários para conhecer e articular com proficiência o mundo feito de linguagem.

Em razão da especificidade da leitura literária, é preciso ainda destacar outra competência que, claro, pode ser acionada em todo tipo de leitura, mas que, em relação aos textos com pendor artístico, ganha uma relevância maior: a *competência fruitiva* (Feres, 2011). É a competência que, na leitura literária, atua na sensibilidade humana – perceptiva e emocional – e deve ser trabalhada na mediação com as crianças. Bartolomeu Campos de Queirós (2002: 160) afirma: "A escola não percebe que a literatura exige do leitor uma mudança, uma transferência movida pela emoção". É preciso despertar no sujeito o encanto pelas palavras, ele diz. Em nossa concepção, a *competência fruitiva* diz respeito justamente à capacidade de o leitor *sentir* o sentido, isto é, à capacidade para o *sentimento* (como *ato de sentir*) do texto, que perpassa os outros sentidos intelectivos extraídos pelas inferências internas e externas.

É a inferência *fruitiva* que se deve realizar para a obtenção desse sentido menos intelectivo e mais sensível. Com a fruição, segundo Barthes (2001), o leitor de literatura deixa-se afetar pelo texto e sente uma incômoda ruptura, um desconforto em relação às suas bases culturais. A fruição o surpreende, pois o arrebata antes de ele poder racionalizar. Já com o prazer, o leitor vive apenas um confortável reforço do ego oriundo da cultura que conhece; a *leitura de prazer* é aquela cujas expectativas são todas confirmadas, como ocorre quando assistimos a uma novela de televisão, por exemplo. Já a fruição é o que desconforta o leitor quando percebe que Selma, a ovelha, é feliz justamente porque quebra as expectativas que todos nutrimos nesta sociedade capitalista: ter mais tempo e mais dinheiro para vivermos "felizes" de um jeito diferente do nosso: se Selma é feliz permanecendo a mesma em qualquer situação, será que eu sou também? É também a fruição que, em *Uma vez, um rio*, capta o leitor para a tristeza pela destruição do rio, um sentimento que emana das palavras, das imagens, das inferências. Em *A flor do mato*, sentimos a força indelével do chamado que vinha da floresta na expressão do longo tempo passado na vida do protagonista, sem esquecê-lo. É a fruição que nos tira do conforto de nossas certezas e nos move para uma reação a favor de uma ideia, de uma causa, nos deslocando para o mundo, para o outro, por causa de uma identificação com aquilo que um personagem vive, ou por causa de uma linguagem poética que provoca a sensibilidade para interpretar o que não tem forma, mas pode ser aventado.

Vincent Jouve (2002: 19) explica que a leitura (leia-se: *literária*) é uma atividade com diversas facetas, pois se constitui de um processo simultaneamente neurofisiológico, cognitivo, afetivo, argumentativo e simbólico. Destacamos neste momento o caráter afetivo da leitura literária, transcrevendo um trecho do teórico: "Se a recepção do texto recorre às capacidades reflexivas do leitor, influi igualmente – talvez, sobretudo – sobre sua afetividade. As emoções estão de fato na base do princípio de identificação, motor essencial da leitura de ficção". Voltaremos a essa explicação de Jouve em outro capítulo, quando tratarmos da natureza poética do conto ilustrado, mas, por agora, basta-nos a ideia de que a afetividade, a emoção participa da leitura literária de modo essencial. Com ela, corroboramos o caráter fruitivo da literatura muito em função de seu tratamento estético, capaz de suscitar no leitor o afetamento de sua subjetividade naquilo que é mais sensível e, com isso, provoca uma alteração em sua intimidade. A competência fruitiva, então, soma-se às demais, sobrepondo-se a elas para o *sentimento* do texto.

A LEITURA *CRÍTICA* PROPRIAMENTE DITA

O processo interpretativo em si é finalizado quando se atinge a compreensão global do texto, de acordo com as circunstâncias que envolvem a troca comunicativa por meio da leitura e com os saberes evocados nas e pelas inferências. Já a leitura crítica, que pode se iniciar durante a interpretação, transcende o sentido global, exigindo do leitor outro tipo de processo que extrapola a interpretação: o questionamento. Envolvido pelos sentidos do texto, o leitor então passa a reagir, perguntar, avaliar, se posicionar a respeito do tema abordado.

Quadro 2 – O ato de ler criticamente

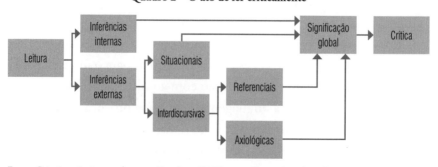

Fonte: Criação própria, com base em Emediato (2007) e em Charaudeau (2019).

Há algum tempo, em uma palestra, Ezequiel Theodoro da Silva (1998: 33), defensor da leitura crítica, afirmou:

> Ler um texto criticamente é raciocinar sobre os referenciais de realidade desse texto, examinando cuidadosa e criteriosamente os seus fundamentos. Trata-se de um trabalho que exige lentes diferentes das habituais, além de retinas sensibilizadas e dirigidas para a compreensão profunda e abrangente dos fatos sociais. Numa sociedade como a nossa, onde se assiste à reprodução eterna das crises e à naturalização da tragédia e da barbárie, a presença de leitores críticos é uma necessidade imediata de modo que os processos de leitura e os processos de *ensino* de leitura possam estar diretamente vinculados a um projeto de transformação social. Leitores ingênuos, pessoas impassíveis diante das contradições sociais e acostumadas à ótica convencional de perceber os fatos, muito provavelmente permanecem felizes em exercer a sua cidadania "de meia-tigela", a bem daqueles poucos que detêm os privilégios.

Para Ezequiel Theodoro, a leitura crítica está imbuída de preocupação com a coletividade, portanto, precisa ultrapassar a "ingenuidade" da leitura superficial – ou supérflua – e atingir uma forma de enxergar as contradições sociais, deixando de lado a "naturalidade" com que se convive com as injustiças, sobretudo. Por exemplo, a leitura de *Um dia, um rio* é bastante propícia para o desenvolvimento da criticidade, não só porque se configura como um texto complexo e poético, exigente de inferências relevantes já que evocam problemas ambientais e sociais de urgente solução, mas também porque, ele próprio, apresenta uma tomada de posição em relação à natureza "morta", ou "assassinada" pela ganância humana e a expõe para ser averiguada e questionada. O leitor pode aderir à tese lançada na obra, mas também pode discordar inteira ou parcialmente dela, em uma reação que exige dele um engajamento. Não é produtivo apenas compreender o texto e não fazer nada com essa compreensão. É preciso *re-agir*, despertar uma posição diante da vida.

O desenvolvimento da criticidade com um olhar voltado para a "compreensão profunda e abrangente dos fatos sociais", como defende Ezequiel Theodoro, pode se dar desde as primeiras leituras, desde os primeiros contatos com textos, em um movimento provocado pela curiosidade e pela necessidade de saber, sentindo-se livre para discordar. Qualquer interpretação pode ser acompanhada por curiosidade, por dúvida e por questionamento, desde sempre. Assim entende bell hooks (2020b: 32):

> O cerne do pensamento crítico é o anseio por saber – por compreender o funcionamento da vida. Crianças têm, organicamente, predisposição para o pensamento crítico. Ultrapassando as fronteiras de raça, classe social, gênero e circunstância, crianças entram no mundo do maravilhamento e da linguagem preenchidas pelo desejo por conhecimento. Algumas vezes, elas anseiam tanto por conhecimento que se tornam interrogadoras incansáveis – exigem saber quem, o quê, quando, onde e o porquê da vida. Em busca de respostas, aprendem, quase instintivamente, a pensar.
>
> Infelizmente, a paixão das crianças por pensar termina, com frequência, quando se deparam com um mundo que busca educá-las somente para a conformidade e a obediência.

Estimular a curiosidade das crianças, sua capacidade de formular perguntas e de raciocinar mostra-se uma maneira bastante produtiva de desenvolver o pensamento crítico desde o início da socialização do indivíduo. É preciso, porém, ter consciência dessa tarefa educativa-transformadora, pois vemos, muitas vezes, a escola insistir na conformação da criança a moldes bastante "testados" como "não perigosos" para o bom andamento da sociedade. Afinal, pensar pode ser muito desestabilizador. Como afirma Maria Helena Martins (2006: 23), ainda "[p]revalece a pedagogia do sacrifício, do aprender por aprender, sem se colocar o *porquê, como* e *para quê*, impossibilitando compreender verdadeiramente a função da leitura, o seu papel na vida do indivíduo e da sociedade". Precisamos – e podemos – reverter esse quadro.

A preocupação com a criticidade está no bojo da Base Nacional Comum Curricular (Brasil, 2017: 65), diretriz atual da Educação brasileira. Na área de "linguagens", uma das competências a serem desenvolvidas no ensino fundamental é esta: "Utilizar diferentes linguagens para defender pontos de vista que respeitem o outro e promovam os direitos humanos, a consciência socioambiental e o consumo responsável em âmbito local, regional e global, atuando criticamente frente a questões do mundo contemporâneo".

O hábito da crítica deve ser desenvolvido, pois. No que concerne à leitura especificamente, ao desenvolvimento de competências que, imbricadas, permitem o sucesso no trabalho de construção de sentido de um texto, é preciso que a criticidade permeie todo o processo. Isso não significa que todos os textos apresentados à criança estejam centrados obrigatoriamente em temas "fraturantes", como o racismo, ou como o machismo. Significa que, mesmo em relação às histórias "clássicas", ou "divertidas", é possível questionar, por exemplo, por que meninas inocentes e velhinhas precisam tomar cuidado com "lobos devoradores"; por que meninos negros são raramente figurados nas ilustrações dos livros; por que as princesas são sempre brancas e "vivem felizes para sempre" depois que se casam com príncipes também brancos; por que a mocinha precisa ser salva pelo mocinho; por que, no mundo do cinema, a única heroína que protagonizou um filme próprio foi a Mulher Maravilha (Mathias, 2022) contra dezenas de filmes protagonizados por heróis (homens)?

Isabel Solé (1998) explica que o objetivo dado a cada leitura aciona estratégias específicas para sua execução: ler para... obter informação precisa; seguir instruções; obter uma informação de caráter geral; aprender; revisar um escrito próprio; por prazer; para comunicar um texto a um auditório; praticar leitura em voz alta; verificar o que se compreendeu. As estratégias parecem estar vinculadas ao processamento do sentido de acordo com finalidades "escolares" diversificadas. Em nenhuma delas, entretanto, encontra-se a criticidade: *ler para pensar, perguntar, duvidar*. Nesse caso, as estratégias estariam direcionadas, principalmente, às inferências axiológicas, aquelas ligadas aos saberes de crença, à maneira de pensar e julgar de uma determinada sociedade, principalmente no que se refere à coletividade. A criticidade está presa às demandas sociais. É possível ler criticamente mesmo que tenhamos outro objetivo direcionando uma leitura. A leitura crítica precisa acompanhar todo o processo educativo, e não estar circunscrita às aulas de "instrumentalização" de leitura, ligadas à disciplina de Língua Portuguesa.

Por isso, repetindo mais uma vez Ziraldo, *ler é mais importante do que estudar*. Ler, interpretando e questionando. Ler, sobretudo, literatura. Ler para saber e para duvidar. Estudar, em geral, indica equivocadamente o acúmulo de conhecimentos estanques, que não são relacionados nem colocados "na berlinda", mas que a escola faz com que sejam "naturalmente" absorvidos para o "repeteco". É assim que Edgar Morin (2008) diferencia a "cabeça bem feita" da "cabeça bem cheia", isto é, a capacidade crítica, ensinada para o aluno pensar e questionar, da instrução "conteudista", ensinada para o aluno acumular um conhecimento "pronto" e repeti-lo.

Retomando Drummond na epígrafe, não queremos ser poetas, nem professores, nem mesmo cidadãos de um mundo *caduco*. Queremos um mundo com total capacidade de pensar – e de se sensibilizar com o mundo, com o outro. Quem está preso à vida e sabe olhar os companheiros exige de si um movimento, uma atitude. A nossa é tentar contribuir com o desenvolvimento de cabeças pensantes e sensíveis. Também temos estado taciturnos, mas, da mesma maneira, nutrimos grandes esperanças, considerando, como o poeta, a enorme realidade presente, muito maior do que parece ser. E também vamos de mãos dadas.

Livros para (todas as) crianças

> *Todas as pessoas grandes foram um dia crianças.*
> *(Mas poucas se lembram disso.)*
>
> Antoine de Saint-Exupéry
> (*O pequeno príncipe*)

> *Para nós, humanos, a ficção é tão real quanto*
> *o chão em que pisamos. Ela é esse próprio solo.*
>
> Nancy Huston
> (*A espécie fabuladora*)

Há muita discussão a respeito do termo *literatura infantil* para categorizar uma parcela de obras com características próprias, mas que, por ser direcionada, como o nome mostra, explicitamente às crianças e/ou aos jovens, às vezes é confundida com uma literatura ingênua, tola, simplória, infantilizada, enfim, sem qualidade. E, com essa ideia de uma literatura, digamos, precária, muitos livros que podem ser acessados também pelas crianças são tomados inadvertidamente como bobos, voltados para puro entretenimento, ou como simplesmente "educativos".

A expectativa de uma "leitura moralizante" acompanha os livros para crianças desde seu surgimento, embora a qualidade de uma obra pressuponha outros atributos predominantes, como pluralidade de sentidos, reflexão, diversidade de pensamento, cuidado estético. Nesse sentido, ressalta María Teresa Andruetto (2012: 61):

> O grande perigo que espreita a literatura infantil e a literatura juvenil no que diz respeito a sua categorização como literatura é justamente de se apresentar, *a priori*, como infantil ou como juvenil. O que pode haver de "para crianças" ou "para jovens" numa obra deve ser secundário e vir como acréscimo, porque a dificuldade de um texto de agradar leitores crianças ou jovens não provém tanto de sua adaptabilidade a um destinatário, mas, sobretudo, de sua qualidade, e porque quando falamos de escrita de qualquer tema ou gênero o substantivo é sempre mais importante que o adjetivo.

A literatura destinada às crianças e aos jovens, por conseguinte, deveria ser referida apenas pelo substantivo, e não por um adjetivo que às vezes aponta uma importância secundária quanto à qualidade artística de um livro. Precisamos ter clara a ideia de que o mais relevante em uma obra "para crianças" é seu modo particular de representar, sua originalidade, sua capacidade de tratar o mundo e a humanidade poeticamente, abordando temas interessantes para a sociedade, para a construção de um imaginário rico e "maleável", e ainda conseguir ser "palatável" para os leitores iniciantes.

Além do mais, como bem explora Sandra Beckett (2009), a literatura direcionada às crianças muitas vezes não nasce com essa destinação; outras vezes, é direcionada às crianças, mas agrada sobremaneira leitores adultos, permitindo, com esse deslizamento de público-alvo, ser considerada *crossover*. De todo modo, indicar no nome literatura *infantil* ou literatura *para crianças* a destinação prioritária dos livros é uma escolha justificável por uma razão: como qualquer bem cultural destinado a indivíduos em início de socialização, são livros com caráter *formador* – que é diferente de ser "moralizante" –, comumente valorizado pelo adulto não mais como leitor, mas como quem controla sua circulação, escolhendo, adquirindo, produzindo, vendendo, lendo para ou com as crianças. Então, esse caráter deve estar bem marcado, no caso, com a qualificação "infantil" ou "para crianças".

A esse respeito, merece destaque a explicação que Peter Hunt (2010: 85) dá para esse "tipo" de literatura:

> Lemos literatura de uma maneira diferente da não literatura: extraímos do texto sensações ou reações. No entanto, no caso dos livros para criança, não podemos fugir ao fato de que são escritos por adultos, que haverá controle e estarão envolvidas decisões morais. *Da mesma forma, o livro será usado não para acolher ou modificar nossas opiniões, mas para formar as opiniões da criança. Assim, os tipos de leitura que os textos para crianças recebem delas envolvem aquisição de cultura e da língua. Isso significa que a definição "não funcional" de "literatura" exclui toda literatura infantil ou não se aplica a ela.* [Grifos nossos.]

Para além de ser um bem cultural ligado à fruição, tendo as crianças acesso a ele, inequivocamente estará, em alguma medida, servindo para sua socialização e para sua inserção cultural e, portanto, para formar sua "primeira" opinião acerca do mundo. Indo de encontro à ideia geral de que a literatura não tem uma finalidade "prática", Teresa Colomer (2017) fala abertamente da função socializadora atribuída à literatura infantil e juvenil desde sua origem, pois os livros dirigidos à infância já nasceram com esse propósito – ainda que hoje a primazia do didatismo inaugural esteja sendo combatida. Segundo Colomer, os livros para crianças permitem iniciar o ingresso no imaginário coletivo; desenvolver o domínio da linguagem através das formas narrativas, poéticas e dramáticas do discurso literário, além de oferecerem uma representação articulada de mundo.

Ainda sobre esse ponto, Francisca Nóbrega e Claudio Manuel de Castro (1980: 75) também defendem o caráter educador da literatura (no melhor sentido da palavra):

> Educar não diz somente transmitir conhecimentos ou soluções culturais acumuladas. Educar, em seu sentido originário e radical diz EX- para fora e DUCERE conduzir. Logo, educar é conduzir para fora o ser humano e não levar para dentro conhecimentos externos. Só que esse "para fora" não indica um deslocamento espacial, mas a própria força de estruturação ou o vigor do Real do homem. [...] É fazer desabrochar em plenitude cada ser humano.
>
> Torna-se, portanto, claro que toda ficção literária, toda literatura infantil articula o formar e o imaginar no educar. Por isso toda ficção, toda literatura é educativa.

Por tudo isso, a literatura direcionada às crianças deveria ganhar mais relevo nas pesquisas e na formação dos educadores, pois, se muitos a consideram "infantilizada" ou ingênua, o que não é verdade na maior parte dos casos, uma observação mais atenta revela que é um importante instrumento não só de iniciação à cultura literária, mas também de modelização do indivíduo, para o bem e para o mal, a favor de ideias progressistas e da reflexão, ou, ao contrário, de um conservadorismo compulsório. E, para quem acredita em uma educação transformadora, estar atento ao que se oferece à infância como espelho identitário significa investir em um mundo mais pensante e respeitoso.

Outro aspecto relacionado ao modo como o senso comum "entende" a literatura infantil diz respeito à constituição verbo-visual dos *livros ilustrados* e dos *livros com ilustração* (como comumente são denominados) como "marca" da literatura "facilitada" para crianças: tanto nas suas fichas catalográficas quanto nas estantes de bibliotecas e livrarias, esses livros são agrupados como "obviamente" da literatura *infantil*, ou *infantojuvenil*, já que apresentam "figuras", mesmo que a temática possa interessar mais a leitores experientes ou mesmo somente a adultos.

Um exemplo seria o premiado *Rosa*, de Odilon Moraes (2017), em pungente diálogo com Guimarães Rosa, sobretudo por causa da intertextualidade com o conto "A terceira margem do rio" (1994): nas duas versões da história, um homem resolve repentinamente viver em uma canoa, no meio do rio, isolado de todos, inclusive da família. Tanto o conto ilustrado quanto o conto original, exclusivamente verbal, de excelente qualidade estética, permitem leituras subjetivas e diversas em torno desse eixo narrativo. Na extremidade da recepção, entretanto, que depende do investimento cognitivo do leitor na interpretação, é provável que a criança não alcance o intertexto e, em consequência disso, percam-se alguns sentidos programados pelo autor considerando-se o diálogo com o conto. Também pode não ser de fácil compreensão o "contraponto convergente" entre imagem e palavra: com a primeira, narra-se a volta do filho às suas origens e ao passado, materializada na cena de retorno à casa paterna; com a outra, revela-se, na primeira pessoa do filho, a recordação da história do pai e o sentimento que o mistério de sua opção por viver no rio provoca no filho.

Leituras diferentes em virtude da experiência do leitor não seriam necessariamente um problema, já que a criança é capaz de construir um sentido descontextualizado em relação à fonte do intertexto, ou ter dificuldade quanto à complexidade do cruzamento das linguagens no conto ilustrado, mas a categorização como *literatura infantojuvenil*, conforme registro na ficha catalográfica, pode induzir a uma expectativa que não corresponde completamente ao leitor inscrito efetivamente no texto. Esse, como outros igualmente lindos, é um livro de arte, sobretudo.

Em outras palavras, o conto ilustrado, em geral, é classificado *como literatura infantil* ou *infantojuvenil* por ter como característica a presença da imagem vinculada à palavra, ingenuamente entendida como facilitadora da compreensão e, portanto, indicada para crianças e jovens. Sandra Beckett (2012) defende que os *livros ilustrados* (especialmente) deveriam ser classificados meramente por seu formato, havendo países, como a Noruega, nos quais se adota, para eles, a categoria *literatura para todas as idades*. Ainda segundo a autora, os livros ilustrados oferecem uma oportunidade de leitura compartilhada entre adultos e crianças que é única, não sendo os adultos vistos mais como simplesmente "coleitores" com as crianças, ou mediadores de leitura, mas leitores efetivos desse gênero literário.

Também é preciso mencionar o interesse mercadológico em direcionar alguns textos "clássicos" ao público mais jovem, colocando nos livros a ilustração para acompanhar a palavra justamente por causa do caráter "infantil" atribuído aos livros que têm ilustração – e isso os torna *crossover*. Um exemplo é *Conto de escola*, que traz o texto original de Machado de Assis (2002), ilustrado pelo premiado Nelson Cruz, narrando a história de um menino que dá a mão à palmatória – literalmente – por ter sido delatado, quando combinava de ensinar a lição ao filho do professor. O tema, claro, é de interesse de qualquer aluno da escola básica por causa da provável identificação com os personagens. As ilustrações acrescentam sentidos à trama, não só por informarem detalhes sobre o modo de viver de outra época, como também por reverberarem as emoções do protagonista, por exemplo, aterrorizado com o mestre, figurado em um tamanho descomunal. O conto original, quando vinculado às imagens, é, simultaneamente, o mesmo e outro texto, alargando o direcionamento da história para leitores menos experientes, que talvez não se interessassem pelo conto se não fosse ilustrado, mesmo sendo um "clássico".

Em relação ainda ao deslizamento entre os públicos-alvo, Beckett (2012) ressalta o interesse crescente por parte de autores, ilustradores, editores, leitores pelo *crossover picturebook*, pela obra artística que é, não por sua destinação. Como toda obra categorizada como *crossover*, como já mencionamos, sua destinação é livre, sem fronteiras; tratando-se de *picturebooks*, ou de livros ilustrados, podem ser confundidos com livros pueris, ingênuos, exclusivos para crianças, porém Sandra Beckett os define como obras com maior profundidade temática, frequentemente apresentando controvérsias discutidas socialmente e estratégias narrativas mais complexas, como hibridização genérica, múltipla focalização, discurso metaficcional, intertextualidade, paródia, ironia, bastante atraentes para o leitor adolescente ou adulto. Em outras palavras, quanto ao *crossover picturebook*, podemos afirmar que se trata de uma categoria de literatura, com a característica singular de ser constituída por palavra e imagem, e não por ser direcionada à infância.

O que pretendemos salientar é que a composição verbo-visual do conto ilustrado parece autorizar o mercado a encaixar esse gênero no grupo da *literatura infantojuvenil*, como consta em sua ficha catalográfica, ainda que, em sua origem, tenha sido planejado simplesmente como *literatura*, sem um direcionamento específico para crianças, ou adolescentes, ou adultos. Quase sempre, o mercado induz o deslizamento entre categorias apenas por causa da entrada das imagens em diálogo com a parte verbal.

Enfim, de acordo com nosso objetivo, defendemos que os livros de que vamos tratar sejam considerados *literatura* em primeiro lugar, como condição para a liberdade e criatividade artísticas, mas, em segundo lugar, sejam especificados a partir de seu direcionamento, "para crianças", não como forma de restrição aos demais leitores, que podem acionar sua criança interior, ou seu papel de mediador de leitura, mas, ao contrário, como uma forma de inclusão de uma parcela de indivíduos ainda em vias de iniciação leitora e social. Assim, refletiremos acerca da literatura para (todas as) crianças, mais especificamente acerca dos *livros ilustrados*, gênero que vem ganhando cada vez mais a adesão de autores e leitores em função de sua singularidade expressiva, e dos *livros com ilustração*. Em outras palavras, não se trata simplesmente de uma literatura *infantil*, embora seja relevante dizer que está aberta às crianças na maior parte dos casos.

Sobre nosso interesse pelo *livro ilustrado* (em sentido amplo), destacamos a preferência majoritária por *narrativas*, sejam elas prototípicas e, em um menor número de obras, não prototípicas, mas ainda narrativas. Ambos serão tratados aqui como *contos ilustrados*, como veremos.

Partimos da proposta sintética de Nádia Battela Gotlib (1985: 82) a respeito da noção de *conto*:

> Porque cada conto traz um compromisso selado com sua origem: a da estória. E com o modo de se contar a estória: é uma forma breve. E com o modo pelo qual se constrói este seu jeito de ser, economizando meios narrativos, mediante contração de impulsos, condensação de recursos, tensão das fibras do narrar.
>
> Porque são assim construídos, tendem a causar uma unidade de efeito, a flagrar momentos especiais da vida, favorecendo a simetria no uso do repertório dos seus materiais de composição.

Após serem mencionados pela autora inúmeros estudiosos e escritores que se dispuseram a definir esse gênero de texto, nessa síntese, estão elencados os traços principais do conto: trata-se de uma história, uma narrativa; tem uma forma breve e explora "momentos especiais da vida". Como sua forma pode se diferenciar de acordo com a época, com o propósito, com o estilo do autor e com sua tipologia, o conto parece apresentar certa elasticidade estética que permite incluir aquele que conjuga a palavra com a imagem.

Com base nisso, preferimos o termo *conto ilustrado* a *livro ilustrado* e a *livro com ilustração*. Primeiro, porque *conto* indica um *gênero de texto* com características próprias, enquanto *livro*, um suporte que pode abrigar gêneros muito diferentes com os quais não pretendemos trabalhar (por exemplo, poemas e portfólios). Segundo, porque o termo *conto ilustrado* autoriza o tratamento tanto de *livros ilustrados* quanto de *livros com ilustração*, não só por considerarmos que o conjunto verbo-visual forma um texto único – um *iconotexto* –, com maior ou menor integração entre as duas linguagens, como também porque valorizamos a natureza simbólica da parcela imagética nesse tipo de conto, sobretudo na construção do sentido global da obra, mesmo que tenha sido adicionada posteriormente à produção da parcela verbal.

Não ignoramos, porém, que, de acordo com os estudos mais recentes, como o de Sophie van der Linden (2011), o *livro ilustrado* costuma ser diferenciado de *livro com ilustração*, para indicar, este, uma obra que apresenta um texto (verbal), espacialmente predominante e autônomo do ponto de vista do sentido, mas *acompanhado* de ilustrações; já aquele, uma obra em que a imagem prepondera em relação à parcela verbal, em que a narrativa acontece com *a articulação entre palavra e imagem*, ou seja, a história não pode ser compreendida somente por meio de uma das linguagens, mas pelo que cada uma diz ou mostra de forma complementar. Nessa esteira, para Maria Nikolajeva e Carole Scott (2011), uma *história ilustrada* corresponde ao texto que não depende das ilustrações para transmitir uma mensagem e *livro ilustrado* é uma forma de arte que se baseia em combinar dois conjuntos distintos de signos, o icônico (a imagem) e o convencional (a palavra).

Um dos motivos que, na nossa perspectiva, reforça a preferência pelo termo *conto ilustrado*, inclusive para o que comumente se denomina *livro com ilustração*, é a capacidade de a imagem fornecer pistas interpretativas próprias, mesmo quando acrescida a um texto previamente concluso. Sublinha Margareth Mattos (2017: 182):

> Odilon Moraes, na entrevista que nos concedeu [...], constrói imagens bastante interessantes para tentar distinguir livros com ilustração e livros ilustrados: "falar de livro com ilustração e de livro ilustrado é como você falar de rádio e cinema. Não se pode dizer que são a mesma coisa. No rádio, você fecha os olhos e ouve melhor. No cinema, se você fecha os olhos, perde a história". Contudo, Moraes admite haver livros que ficam "no meio do caminho" entre o livro com ilustração e o livro ilustrado.

Considerando que o *livro ilustrado* só pode ser compreendido se levarmos em conta as imagens, pois é "o livro que não se pode ler pela rádio", conforme palavras de Uri Shulevitz citadas por Ana Margarida Ramos (2011b:18), corroborando as de Odilon Moraes, fica claro que o *livro com ilustração* se diferencia dele. Contudo, como o próprio artista afirma, há livros com ilustrações que "ficam no meio do caminho", isto é, adotam muitos recursos dos livros ilustrados, deixando a parcela imagética influir ou intensificar o sentido trazido pela parcela visual.

Isso se comprova no já mencionado *Conto de escola*, de Machado, e em tantos outros, como *De cima para baixo*, de Artur Azevedo (2004), que teve uma edição ilustrada por Marcelo Ribeiro. Nela, a crítica em relação à hierarquização social ganha como expressão "extra" a imagem de uma escada caracol, que vai sendo descida à medida que uma reclamação segue do ministro ao diretor-geral, ao 3º chefe da seção, a outro subalterno, até que o "servente preto" dá um pontapé no cachorro por não ter em quem descontar a ira. Além dos costumes e das indumentárias da época de produção do conto e das expressões fisionômicas que indicam humilhação, nas imagens, a escada funciona como uma metáfora da hierarquização, amplificando a assimetria imposta em relações interpessoais opressoras e levando o leitor a uma interpretação mais complexa da ilustração. O olhar de cima para baixo que cada personagem lança a seu subalterno concretiza o distanciamento e a superioridade com que é possível subjugar outra pessoa. Esses elementos imagéticos agregam ao texto, a partir da interpretação expressa pelo ilustrador, percepções que não constavam no texto original.

A ilustração pode não só influir na interpretação realizada pelo leitor em função da maneira como apresenta personagens e cenas, mas também agir discursivamente para dar um tom específico para a leitura, como em *Chapeuzinho Amarelo*, de Chico Buarque (1979; 1997), em que a ação da parcela visual na significação da obra pode ser facilmente percebida por causa da mudança da ilustração nas edições. Nas primeiras, o texto ganha o traço minimalista da artista gráfica Donatella Berlendis, em preto com fundo branco, com raros elementos pintados em amarelo ou vermelho, criando uma atmosfera intimista para a menina que consegue superar o medo do lobo. Tempos depois, Ziraldo também ilustra essa narrativa poética, mas usando um tom divertido, multicolorido, bastante lúdico e, talvez, mais atrativo para as crianças. O fato de uma mesma história ganhar ilustrações diferentes, em certa medida, já a coloca "no meio do caminho" entre livro ilustrado e livro com ilustração, conforme explica Odilon – embora, em ambas as edições, a ilustração ocupe grande parte do espaço do texto. Mesmo assim, ela altera, de alguma forma, o sentido final. É exatamente esse *continuum* entre o que se caracteriza como *livro ilustrado* e como *livro com ilustração*, com graus diversos de integração entre palavra e imagem, que parece nos autorizar, mais uma vez, a considerar o termo *conto ilustrado* como preferencial para nosso propósito.

Por fim, basta destacar que tratamos de livros para *todas as* crianças justamente para incluir, em nosso rol de títulos, contos ilustrados comumente classificados como de *literatura infantojuvenil*, aparentemente direcionadas, de preferência, para crianças, mas que, por sua qualidade, às vezes por sua temática, atraem também os leitores mais experientes e adultos. Muitas vezes, isso ocorre porque os leitores adultos, que costumam selecionar livros para crianças, se identificam com o modo como certas obras fazem-nos olhar o mundo, ou porque estão desejosos de reencontrar as crianças que habitam neles, como explica Vincent Jouve (2002: 117) em relação à leitura literária: o "consentimento eufórico na ficção nunca desaparece totalmente [...]. Nossas crenças infantis, reativadas em certas condições (entre elas a situação de leitura), subentendem nossas crenças de adultos". Retomando Saint-Exupéry, "todas as pessoas grandes foram um dia crianças (Mas poucas se lembram disso)", ousando alterar: *mas a literatura pode nos lembrar disso.*

CONTAR COM PALAVRAS E IMAGENS

Definindo o *conto ilustrado* como *um gênero textual específico, de base narrativa, em que palavra e imagem compõem, com um maior ou menor grau de interação, uma superfície não muito extensa*, vamos abordar alguns aspectos de sua semiose singular. É preciso, então, iniciar esta explicação com a distinção dos dois tipos de signo – palavra e imagem – por apresentarem diferentes vias de acesso ao sentido.

O signo verbal traz em si a vinculação a um sistema prévio, a língua, que o coloca em relação com outros signos verbais, seja por causa de seu significado, seja por causa de sua forma, seja por causa da organização dos períodos, parágrafos, textos. Antes que qualquer texto seja pensado, o sistema linguístico fornece estruturas recorrentes, utilizadas pelo falante intuitivamente. No contato com outras pessoas de nosso convívio desde que nascemos, absorvemos as palavras, aprendemos não só o significado delas, mas também como devem ser usadas, em que situações são adequadas, o que elas revelam a respeito do falante, entre outros aspectos. O significado da palavra se fixa no uso coletivo que um grupo faz dela. A não ser excepcionalmente, o significado não se assemelha à forma: "mesa" indica um móvel com pés que serve para apoio de objetos, mas em nada se parece com a ideia que guardamos na memória a respeito desse móvel. É um nome para identificar uma categoria geral. Quando dizemos "mesa", podemos imaginar uma mesa de centro ou de jantar, de madeira ou de outro material, grande ou pequena. Dizemos, então, que a *palavra* é um signo *arbitrário*, sem "compromisso" de similaridade entre a forma e o significado. Além dessas particularidades, a materialidade das palavras exige ordenação linear, isto é, elas se apresentam uma após a outra. Esse fato implica uma temporalidade em sua expressão, um "antes" e um "depois" na colocação das palavras nos textos.

O signo imagético é de uma natureza diversa. Primeiro, porque ele não faz parte de um sistema prévio e, diferentemente da palavra, seu significado está "pregado" à sua forma: o desenho de uma mesa, por exemplo, significa "mesa" por causa de sua aparência, porque *mostra* as características desse móvel e, ainda que possa, muitas vezes, representar uma categoria inteira por meio de uma metonímia imagética, quando representamos uma mesa em uma ilustração, ela já revela o tamanho, o material com que foi feita, sua provável função, restringindo, portanto, seu alcance significativo: não é mais qualquer mesa, mas somente aquela que é mostrada.

Dito de outra maneira, a *imagem* tem um significado por causa de sua semelhança com aquilo que indica, isto é, é um signo *motivado*. Soma-se a essa característica o fato de a materialidade da imagem não ser linear, mas espacial. Seu significado em um texto é apreendido a partir de qualquer ponto, sem uma ordem obrigatória, nem obediência ao tempo. O sistema imagético é criado "on-line", isto é, de acordo com a organização inédita de cada texto – ainda que alguns padrões oriundos da cultura possam ser observados, como a disposição e tamanho de uma foto na primeira página do jornal ou a centralidade de um elemento imagético em uma publicidade.

É preciso acrescentar que, com *imagem*, estamos nos referindo, sobretudo, à imagem figurada, material, aquela que reproduz elementos do mundo real ou imaginário. Porém, muitas vezes, *imagem* também engloba aspectos plásticos e o *design*, apreendidos pela visualidade, como a cor, o traço, o tipo de fonte, as formas mais abstratas, o lugar ocupado na página. Por isso, muitas vezes falamos em *visualidade*, termo mais abrangente, que inclui a imagem figurativa de seres e objetos. Todos os aspectos da visualidade são propensos à significação, isto é, à associação a um sentido conhecido coletivamente, como a ideia de paixão ou de violência vinculada ao vermelho; como a ideia de infância aliada ao traço menos preciso de um desenho, ou de uma letra.

No caso do conto ilustrado, palavra e imagem, com suas particularidades, atuam em conjunto, influenciando o sentido de uma na outra e a construção da significação geral do *iconotexto*. É uma materialidade bastante complexa – sobretudo quando o sentido depende igualmente do verbal e do visual –, explorada cada vez mais como característica de um gênero singular.

Ao se referir aos *livros ilustrados* com um sentido mais restrito, como aqueles em que uma parcela – verbal ou imagética – não pode prescindir da outra sob pena de perder o sentido, Peter Hunt (2010: 234) afirma: "Os livros-ilustrados podem explorar essa relação complexa; as palavras podem aumentar, contradizer, expandir, ecoar ou interpretar as imagens – e vice-versa. Os livros-ilustrados podem cruzar o limite entre os mundos verbal e pré-verbal; podem ser aliados da criança-leitora".

Quando sugerimos, porém, estender essa complexidade para aqueles contos ilustrados que teriam sentido mesmo se a parcela imagética fosse retirada, mais conhecidos como *livros com ilustração*, entendemos que, na verdade, se a imagem for suprimida, o sentido continuará a existir, mas não seria o mesmo. Ao entrarem em relação, habitando o mesmo enquadramento textual, a palavra recebe a influência da imagem, assim como a imagem pode ter seu sentido fixado, ou alterado, por estar vinculada à palavra. Haveria, em proporção ao *livro ilustrado*, um grau menor de integração entre as parcelas, mas o poder de uma sobre a outra não pode ser desprezado.

Retomando a diferenciação básica entre palavra e imagem, acentuamos que uma depende de um sistema prévio, da arbitrariedade do signo e da linearidade; e outra, do sistema criado no texto em questão, da motivação entre forma e conteúdo e da espacialidade. A via de acesso ao significado seja diferente na palavra e na imagem. É possível, inclusive, prever papéis mais ou menos prototípicos para cada uma dessas linguagens no conto ilustrado.

Em *Livro ilustrado: palavras e imagens*, Maria Nikolajeva e Carole Scott (2011: 14) explicam o seguinte:

> As figuras nos livros ilustrados são signos icônicos complexos, e as palavras, signos convencionais complexos; entretanto, a relação básica entre os dois níveis é a mesma. A função das figuras, signos icônicos, é descrever ou representar; a função das palavras, signos convencionais, é principalmente narrar. Os signos convencionais são em geral lineares, diferentes dos icônicos, que não são lineares e nem fornecem instrução direta sobre como lê-los. A tensão entre as duas funções gera possibilidades ilimitadas de interação entre palavra e imagem em um livro ilustrado.

Contar uma história significa *narrar* acontecimentos, encadeados pela causalidade e/ou pela temporalidade. Em outras palavras, os fatos, ligados entre si, se sucedem no tempo. Porém, para nos referirmos a esses fatos, também precisamos *descrever* personagens, ações, ambientes, épocas, estados psicológicos e fazemos isso sempre de acordo com uma tomada de posição. A narração, em si, depende da descrição.

Podemos considerar que, se, no texto verbal, conforme Adam (2019: 85), "uma sequência descritiva se marca com um nome", que ele chama de "tema-título", um "pivô nominal, nome próprio ou nome comum que serve de base a uma predicação", no texto imagético (ou na parcela imagética de um texto verbo-visual), o pivô seria a figura que se apresenta evocando um ser e, simultaneamente, mostrando suas caraterísticas aparentes (mesmo as psicológicas que se deixam entrever nas expressões fisionômicas e gestuais).

Lúcia Santaella (2012) apresenta, em termos gerais, a seguinte diferenciação entre os signos verbal e imagético:

Quadro 3 – Distinções entre palavra e imagem

PALAVRA	IMAGEM
Representação de pontos temporais e passagens de tempo, mas também pode descrever relações espaciais.	Representação espacial-visual.
Descrição de impressões de todas as percepções (visuais, acústicas, olfativas, térmicas, táteis).	Mostração de impressões visuais.
Representação algo concreto ou abstrato de forma direta.	Representação de algo concreto de forma direta e de algo abstrato, somente de forma indireta.
A língua pode negar e indicar relações causais etc., fazer perguntas e promessas.	A imagem não consegue negar, nem indicar relações causais etc., ou fazer perguntas e promessas.

Fonte: Inspirado em *Leitura de imagens*, de Lúcia Santaella (2012).

Quando se *conta uma história* por meio de palavras e imagens como no conto ilustrado, parte do que é narrado passa a ser conhecido pela ilustração, mais propícia à "mostração" das características de personagens e ambientes, o que corresponderia, em um texto exclusivamente verbal, ao processo de descrição que compõe a narração. Há recursos próprios da palavra, como a fácil indicação do tempo decorrido, ou daquilo que sentem os personagens, sendo favoráveis, portanto, à narração. Há outros, porém, exclusivos da imagem, como a apreensão holística de seus elementos e o impacto de sua expressão, aprendida de maneira instantânea.

Apesar de concordarmos com essas distinções mencionadas por Santaella (2012), é preciso sublinhar que, assim como as palavras, as imagens podem representar *indiretamente* algo, sendo metafóricas e metonímicas, além de permitirem a sobreposição de sentidos. Mesmo a negação e a passagem do tempo encontram, na imagem, meios *indiretos* de serem representados.

Por exemplo, em *A flor do mato*, de Marcelo Pimentel (2018), imagens seguidas, a primeira, em preto e branco, e a segunda, colorida, com exatamente os mesmos elementos (casa, quintal, mata, protagonista na janela), apenas envelhecidos na segunda (até mesmo o personagem, figurado como menino e, na outra, como velho), expressam a passagem do tempo – e de forma poética, exigente de inferências para o cálculo de sentido.

Também parece ser possível a representação de algo abstrato por meio das imagens, desde que se proceda à inferência, como ocorre, por exemplo, na expressão da superação do medo em *Chapeuzinho Amarelo*, de Chico Buarque (1997), representada por um lobo figurado como muito feroz que, aos poucos, aparece mais manso até que se transforma em um bolo. Verbalmente, essa expressão se concretiza com a inversão das sílabas da palavra "lobo", resultando em "bolo", e imageticamente, com a transformação da imagem da cabeça do lobo em um bolo de festa. Ziraldo consegue essa proeza poética na imagem.

O CARÁTER *DIEGÉTICO-MIMÉTICO* DO CONTO ILUSTRADO

Outro aspecto muito relevante da constituição do conto ilustrado é sua expressão diegética-mimética, isto é, sua capacidade de narrar ao mesmo tempo em que dramatiza imageticamente as cenas de que fala. Para explicar como isso acontece, partiremos da definição de diegese e de mimese.

De acordo com Gerard Genette (2015), a diegese, ou narração, consistiria na *representação* de acontecimentos verbais (falas de personagens) e não verbais (gestos e comportamentos, por exemplo), ou de uma série deles, por meio da palavra, que *diz* tudo. Já a mimese, ou imitação direta, consistiria na *apresentação* direta dos acontecimentos por meio de gestos e das palavras ditas pelos personagens; as ações, portanto, independeriam das palavras contadas por alguém, mas do comportamento daquele que está desempenhando um papel em uma cena dramática; as falas dos personagens seriam, nesse caso, pronunciamentos literais deles, e não uma reprodução realizada pelo narrador, como ocorre nas narrativas. Os personagens, com seus gestos e ações, *mostram* a história.

Partindo desse princípio, é possível afirmar que, no conto ilustrado, o caráter diegético se prende mais fortemente à parcela verbal do texto, em que, em maior ou menor medida, um narrador explícito conduz a contação da história. Ainda que haja falas de personagens, elas são reproduzidas pelo narrador, em qualquer perspectiva assumida, na primeira ou na terceira pessoa. Já o caráter mimético se prenderia mais à parcela imagética do texto, próxima da "imitação direta" de que fala Genette ("quase direta", na verdade), que *mostra* as ações, sem dizê-las, embora também seja *representativa* como a palavra em função de ser também *signo* e de comportar facilmente a parte "descritiva" de uma narrativa *implícita*. Em outras palavras, o signo imagético apresenta caráter mimético não só por ser motivado, por representar a realidade por semelhança a ela, por trazer em si, em sua materialidade, aquilo que significa, mas também por ser dramático em alguma medida: as cenas representadas visualmente se baseiam em ações materializadas em gestos, expressões fisionômicas, comportamentos, indumentárias, códigos não verbais que indicam sentidos para além da palavra, como ocorre na dramaturgia.

Em *Adélia*, de Jean-Claude Alphen (2016a), uma porquinha cor-de-rosa sobressai na penumbra cinzenta da noite, adentrando secretamente a casa de Eveline para ler na biblioteca. Grande parte dessa aventura noturna é mostrada apenas pelas ilustrações. Na página dupla a seguir, porém, podemos observar a atuação do caráter diegético-mimético do conto ilustrado no trabalho conjunto da palavra com a imagem.

Na cena, vemos Adélia se equilibrando em uma pilha de livros para recolocar o que estava lendo na estante. Na parcela verbal, obtemos informações acerca da personagem ("ela"), do tempo ("Antes do amanhecer"), da ação condensada ("ela colocava tudo no lugar e saía silenciosamente") e do espaço ("da biblioteca"). A diegese, ou narração pela palavra, resume a ação da personagem (*o que* ela faz) e a qualifica (*como* ela faz): "antes do amanhecer", "silenciosamente", "da biblioteca". Indicar o tempo, por exemplo, é feito pela parcela verbal, como é de praxe; descrever, qualificando as ações também. É possível *dizer* tudo com as palavras. Mas é a imagem que apresenta, dramaticamente, as ações, ao *mostrar* o esforço da porquinha para guardar o livro em uma estante imensa; que o "tudo" referido na parcela verbal se refere aos livros e que "ela" indica "Adélia", correferenciada pela figura da porquinha. Ou seja, é uma cena *dita* e *mostrada*, *diegético-mimética*.

Figura 6 – Caráter diegético-mimético do conto ilustrado: "Antes do amanhecer, ela colocava tudo no lugar e saía silenciosamente da biblioteca."

Fonte: *Adélia*, de Jean-Claude Alphen (Pulo do Gato, 2016a: 32-3).

Para completar essa observação, tomamos emprestado o que diz Patrick Charaudeau (2013: 385) a respeito do caráter mimético da imagem:

> A semelhança dá ilusão de que existe uma relação direta entre o Eu e o Mundo orientando o olhar em direção ao referente. A imagem se dá, assim, como transparente, com uma passagem que daria acesso direto ao mundo e ofereceria a ilusão de poder tocá-lo. A dessemelhança, por sua vez, estabelece um corte entre o Eu e o Mundo nos

lembrando de que o que vemos não é o mundo físico. É o que diz a legenda do quadro de Magritte "Isso não é um cachimbo". O olhar é, dessa forma, orientado, não tanto pela direção do que é representado, mas em direção ao próprio mundo representado. Assim, a imagem é toda opacidade que obriga a ver o processo de reenquadramento do mundo. Dessa forma, o fenômeno da mimese vai da ilusão de transparência (a fotografia) à opacidade (a pintura), ou seja, o trabalho da arte é de dessemelhança.

Como tratamos, aqui, da imagem em ilustrações, conforme explica Charaudeau, seu caráter mimético é relativamente reduzido, pois a representação do mundo proposta é sempre estilizada, dependente das variações de traços e dos elementos plásticos utilizados em sua confecção; sua semelhança com o mundo ainda é a base da significação, mas menos transparente, ou mesmo opaca, própria para a percepção do *reenquadramento do mundo*. Ainda assim, ela se afasta da diegese verbal, assumindo uma singularidade: ao participar de uma narração apenas implícita, ela *mostra* diretamente, com recursos diversos dos da palavra, como as coisas são e se dão na história, e não por intermédio de um signo mais elaborado em termos de processo significativo como a palavra, que se baseia na arbitrariedade e em um sistema prévio garantidor da expressão.

Em uma abordagem diversa das de Charaudeau (2013) e de Genette (2015), Maria Nikolajeva e Carole Scott (2011: 237) exploram o caráter mimético da representação no livro ilustrado, tomando como parâmetro a gradação entre o que é "literal" (mimético, imitação "direta" da realidade) e o que é "simbólico" (não mimético, metafórico ou convencionado):

> Interpretação mimética significa que decodificamos a comunicação recebida como verdadeira ("isso aconteceu"), que é chamada de "modalidade indicativa". Interpretação simbólica, transferida, não mimética, nos estimula a decodificar textos como expressão de uma possibilidade ("pode ter acontecido"), uma impossibilidade ("não pode ter acontecido"), um desejo ("gostaria que acontecesse"), uma necessidade ("deve ter acontecido"), probabilidade ("acredito que aconteceu") e assim por diante. Como costumam mostrar pesquisas

empíricas, leitores ingênuos tendem a interpretar os textos mimeticamente, identificando-se com protagonistas e compartilhando a percepção individual deles.

Os livros ilustrados transmitem a apreensão da realidade de muitos modos e, com a ideia de modalidade, as pesquisadoras conseguem escapar da binaridade *narrativas fantásticas* x *realistas*, fator que favorece, principalmente, a análise de elementos "fantásticos", aqueles que subvertem a mimese e podem ser lidos como simbólicos ou metafóricos.

Tomamos, como exemplo do caráter mimético ou não mimético de uma obra, nos termos de Nikolajeva e Scott, a famosa história de *O pequeno príncipe*, de Antoine de Saint-Exupéry (1996: 7). Embora seja uma obra bem extensa, algumas imagens garantem a integridade do sentido e, em especial, a que será apresentada a seguir. A história de um príncipe menino, vindo de outro planeta (na verdade, de um asteroide), encontrado, no deserto, por um aviador que tentava consertar seu avião, já é em si interpretada como uma impossibilidade ("não pode ter acontecido"). Soma-se a isso a personificação de rosas, serpente, raposa, que interagem com o principezinho, até que ele decide abandonar seu corpo na Terra, com a picada da serpente, para voltar a seu planeta e à sua rosa amada.

Toda essa trama ganha um valor diferente quando percebida sua simbologia, quando lida como metáfora para as relações humanas e para os valores que regem nossa vida. Nesse caso, a leitura não mimética ultrapassa a mimética, exigindo inferências, e dá à narrativa um *status* diferenciado, poético mesmo, que mostra ao leitor que "o essencial é invisível aos olhos".

Figura 7 – Aparência x essência

Fonte: *O pequeno príncipe*, de Antoine de Saint-Exupéry (Agir, 1996: 7).

A primeira imagem do livro, bastante conhecida, de uma jiboia que engoliu um elefante, mas que todos entendem como a figura de um chapéu, é um exemplo interessante da passagem do mimético ao não mimético – ainda que não represente algo fantástico. Pode-se achar graça da confusão feita por quem interpreta "errado" ou superficialmente a imagem, vendo ali um chapéu, conforme conta o aviador-desenhista, mas é possível interpretar a imagem como uma metáfora da aparência que se sobrepõe à essência, ou da falta de imaginação dos adultos.

A percepção das representações miméticas e não miméticas é altamente influenciada pelo tipo de relação entre a parte verbal e a visual. Nos contos ilustrados, o modo como atuam as linguagens, em complementaridade ou em contraponto, cria novas possibilidades representativas. Sobre isso discorreremos a seguir.

COMPLEMENTARIDADE E CONTRAPONTO

Quanto aos tipos de relação entre a palavra e a imagem em textos como os contos ilustrados, os estudos mais recentes costumam categorizá-los a partir do funcionamento de cada uma das partes em si e de uma parte sobre a outra. Na maioria dos contos ilustrados, essa relação é considerada *complementar*, pois palavra e imagem compõem juntas, cada qual com sua parcela de contribuição, as mesmas cenas, ações, personagens. Entretanto, essa relação também pode ser de *contraponto*, isto é, atuando uma parcela para contradizer a outra – e essa talvez seja a relação mais complexa e original. Há também a relação *em paralelo*, havendo duas histórias sendo contadas ao mesmo tempo, mas em um número de obras mais reduzido. Não trataremos desse caso.

Muitos estudiosos do assunto consideram que a relação *complementar* pode apresentar um caráter redundante, porque, em geral, o que se apresenta na imagem repete o que fora dito pela palavra, em uma relação simétrica. Refutamos, porém, essa ideia, afirmando que, em nossa visão, em contos ilustrados, ainda que a imagem "repita" a informação dada pela parcela verbal do texto, a redundância parece ser somente relativa às referências realizadas pela palavra e pela imagem, ou seja, relativa aos elementos que apontam no mundo, mas não há "redundância discursiva", pois haverá diferença no *modo* de produção de sentidos porque a via de acesso difere nos dois tipos de linguagem. Como consequência mínima, podemos pensar que quando a imagem materializa a cena, realizando a transformação de uma ideia em material simbólico visual, já está acrescentando um ponto de vista apenas por assumir um determinado estilo.

Na página dupla de *Adélia*, mencionada anteriormente (Fig. 6), palavra e imagem se referem ao mesmo acontecimento de forma *complementar*, pois ambos os meios semióticos contam a mesma cena, mas um deixa lacuna para o outro preencher. O fato de a porquinha "guardar tudo", dito de forma condensada, é o mesmo fato expresso pela imagem, em uma redundância "referencial", mas a imagem acrescenta inúmeros detalhes à cena, inclusive mostrando como foi difícil a protagonista realizar a tarefa de guardar os livros que leu. Além disso, o traço menos preciso, ou menos realista de Alphen e sua aquarela que ultrapassa os limites da linha dão graça à imagem e fazem-na se aproximar a um desenho de criança. O texto, com isso, ganha um tom leve, lúdico, charmoso, simpático. Há ali a representação imagética de uma porca, Adélia, com jeito de criança, leitora voraz, totalmente encantadora, divertida – e isso a palavra não conta, mas a imagem mostra.

A imagem sempre estará, em sua própria expressão, causando efeitos de sentido exclusivos dela. A palavra ainda pode simular algo próximo da neutralidade (nunca a neutralidade em si, condição impossível a um texto), assim como pode destacar uma característica específica em uma descrição, mas será a imagem que desafiará o leitor com uma primeira interpretação da história narrada e será oferecida, também ela, à interpretação. Além disso, como se trata de um texto com dupla destinação (para crianças e/ou adultos), muitas vezes, é a imagem, repetindo as referências dadas pela palavra, que esclarece seu sentido ou, como vimos, acrescenta detalhes inesperados, elementos cômicos ou ainda um tom específico que, em alguns casos, talvez só o leitor adulto ou mais experiente seja capaz de compreender. Podemos pensar que a redundância de significado ocorreria somente quando a ilustração fosse pouco inventiva, servindo quase como "adereço" da parte verbal, reduzindo as possibilidades interpretativas "em nome do leitor".

Porém, outro tipo de relação, cada vez mais explorado pelos autores, muito interessante quanto à originalidade propiciada por esse gênero de texto, é o *contraponto*. Nesse caso, o que a palavra diz é diverso do que mostra a imagem, embora haja algum elemento comum entre elas, contando histórias diferentes, ou revelando pontos de vista diversos em relação ao mesmo acontecimento.

Esse é caso, por exemplo, de *Não!*, de Marta Altés (2012). Nesse livro, o simpático cachorro, que pensava se chamar "Não", descreve a sua vida "em família", mencionando seus "dotes", como provar a comida dos humanos, procurar tesouros no jardim, aquecer a cama deles, arrumar os jornais, enfim, tarefas compreendidas por ele como altamente benéficas. Ele se acha bom e amado porque a família o chama o tempo todo. Só não entende muito bem por que, na coleira, o nome gravado é Apolo. Já as imagens mostram todas as travessuras do cão, que bagunça tudo, come o jantar, faz buracos no quintal, rasga jornais, deixa as camas imundas, além de balões de fala na ilustração trazerem os gritos de "Não!!!!". A parcela verbal dá voz ao protagonista, mostra seu ponto de vista; já a visual, materializa o ponto de vista de um narrador mais distanciado, que se identifica com a perspectiva da família – e do leitor que sabe como é ter um cãozinho sapeca em casa.

O contraponto pode igualmente ser favorável a uma relação irônica, como vemos em *Se os tubarões fossem homens*, de Bertolt Brecht, ilustrado pelo talentoso Nelson Cruz (2018). O texto de Brecht é conjugado às imagens fantásticas de Cruz, que mostram, como na parcela verbal, que, se os tubarões fossem homens, agiriam cruelmente de forma opressora, ainda que mascarassem suas atitudes. Diz o narrador em um trecho:

> É evidente que o mais importante seria a formação moral dos peixinhos. Aprenderiam que não há nada mais grandioso nem mais belo do que se sacrificar com alegria e que devem sempre acreditar nos tubarões, especialmente quando eles dizem que vão cuidar para que tenham um belo futuro e que o futuro deles só estará garantido se estudarem com obediência. (Brecht, 2018: 16)

Embora a ilustração tenha sido adicionada posteriormente à parcela verbal do livro (fato que forçaria sua categorização como *livro com ilustração*), se, de acordo com Sipe (2010: 86), "em um livro-ilustrado bem-feito, nem as palavras ou as imagens poderiam contar a história sozinhas", essa explicação parece também se aplicar a essa obra. Além disso, o número limitado de páginas, a predominância espacial da ilustração e o próprio tipo de suporte reforçariam sua classificação como *livro ilustrado*. Essa fragilidade conceitual é mais um motivo para considerar o *conto ilustrado* uma categorização abrangente que enfatiza a semiose verbo-visual narrativa como traço mais relevante para esse grupo de obras.

No livro, a "gentileza" dos tubarões opressores com os peixinhos oprimidos é figurada pela separação imposta aos grupos de peixinhos; pelas festas para alegrá-los, porque, alegres, são mais saborosos do que tristes; pelas guerras criadas pelos tubarões, para as quais enviariam seus próprios peixes. Nas imagens, além de um mundo subaquático com muitas referências à "civilização humana", reforça-se a ironia da parte verbal, revelando que a "bondade" dos tubarões era exatamente o inverso. Também se mostra um peixinho vermelho que anda sempre à margem do cardume de peixes brancos. É ele que, somente na parte imagética, aparece atraindo os outros peixes para, na última cena, libertá-los das gaiolas onde viviam aprisionados, formando um imenso cardume multicolorido, sem mais divisões. É um excelente livro "para todas as idades": o contraponto, a ilustração original e cheia de sentidos "extras", a abordagem irônica, as referências simbólicas (incluindo então a cor vermelha do peixinho subversivo) são dados que garantem qualidade artística a esse conto ilustrado.

A PERSPECTIVA NARRATIVA NA VERBO-VISUALIDADE

A expressão da perspectiva narrativa é complexa na verbo-visualidade. O narrador da parte verbal é explícito e o da parte visual, implícito, já que as imagens "falam por si mesmas". O enquadramento da narrativa, os recursos próprios da imagem, como angulação, e alguns elementos figurativos conseguem indicar a pessoa do discurso que assume a contação da história, mas é a palavra que detém prioritariamente essa responsabilidade. Segundo Nikolajeva e Scott (2011: 55), como em narratologia distinguem-se ponto de vista (quem vê) e voz narrativa (quem fala), é possível dizer que, particularmente nos livros ilustrados, o ponto de vista é transmitido primordialmente pelas imagens e a voz narrativa, pelas palavras. As especialistas também explicam:

> Com as imagens, podemos falar de perspectiva em um sentido literal: como leitores/espectadores, vemos a ilustrações de um ponto de vista fixo, que nos é imposto pelo artista. Ainda que pelo movimento do olho possamos "ler" a imagem da esquerda para a direita ou da direita para a esquerda ou em um padrão circular, o ponto de vista básico não é alterado. Entretanto, ele pode mudar em uma sequência de ilustrações, tanto em direção como em distância (zoom).

Segundo as autoras, o resumo dos acontecimentos e os comentários que o narrador faz sobre eles ou sobre as ações dos personagens, nos livros ilustrados, são da alçada da parte verbal do texto. Já a descrição/mostração dos cenários e dos personagens pode ser realizada pela parte verbal e/ou pela parte imagética. São essas atitudes que nos deixam perceber o narrador e a perspectiva narrativa. Em geral, o narrador será "onisciente" e sem participação na história, isto é, alguém que conta "de fora" os acontecimentos, como em *Selvagem*, de Emily Hughes (2015), a história de uma menina criada na selva com os animais, mas que um dia é resgatada e levada para ser "educada". Diz a parcela verbal na sequência de apresentação da narrativa:

> Ninguém se lembrava de como ela tinha aparecido na floresta, mas todos achavam que isso fazia sentido.
> A floresta inteira a adotou como filha.
> As aves a ensinaram a falar.
> Os ursos a ensinaram a comer.
> As raposas a ensinaram a brincar.
> E ela entendia tudo, era feliz. (Hughes, 2015: 1-9)

De uma forma geral, o narrador explícito, na parte verbal, age em terceira pessoa, com um comportamento *delocutivo*, conforme definição de Charaudeau (2008), que provoca um efeito de distanciamento, porque o que é narrado não diz respeito àquele que enuncia, nem se volta diretamente para o leitor. No caso de *Selvagem*, tanto a palavra quanto a imagem se referem a uma história que não pertence aos interlocutores do texto, mas aos personagens aos quais a trama narrativa se vincula.

Toda referência à protagonista é feita em terceira pessoa ("*ela tinha* aparecido", "*a* adotou"), sem identificação precisa, por meio da palavra, de quem seria "ela"; o leitor sabe que é uma menina por meio da ilustração, muito inventiva, que mostra sua vida feliz entre os bichos e, depois, infeliz, após ser resgatada por "uns animais novos", isto é, um casal de humanos. Muitas lacunas da parcela verbal, bastante condensada, são preenchidas por imagens coloridas, cheias de detalhes e informações relevantes, que mostram os personagens pelo mesmo distanciamento delocutivo das palavras. Enquanto lemos "Eles faziam tudo errado!", vemos a imagem de uma mulher mais velha, irritada, que tenta pentear os cabelos da garota, e de um homem, careca, de óculos, que faz anotações entre livros. No jornal em cima da mesa, lê-se um enunciado "intraicônico", isto é, dento da imagem, ancorando o sentido: "PSIQUIATRA FAMOSO RECOLHE CRIANÇA SELVAGEM" (Hughes, 2015: 15). As ilustrações, que não deixam de ser muito divertidas, mostram as ações "selvagens", fora do padrão, da menina, o que contraria o tempo todo a tentativa de aprender a se comportar como "gente". Após decidir dar um basta naquilo, ela destrói a casa toda – informação fornecida exclusivamente pela parcela visual – e volta para a floresta.

É cada vez mais comum, porém, a narração em primeira pessoa, com um personagem-narrador explícito que apresenta um comportamento *elocutivo*, voltado para si como enunciador, provocando um efeito de engajamento ou de proximidade com o leitor. Nesse caso, é mais comum lermos, na parcela verbal, a expressão linguística com foco no enunciador por meio de pronomes de primeira pessoa e verbos correspondentes, mas, na parcela visual, na qual a narração está apenas implícita, em geral, vemos "de fora" aquele que identificamos como narrador-personagem, pois é ilustrado como um "outro", mais próximo da terceira pessoa: ele/ela.

Esse é o caso de *O guarda-chuva do vovô*, de Carolina Moreyra, ilustrado por Odilon Moraes (2008). Ainda que a protagonista se estenda narrando como seu avô "desapareceu" da casa da vovó, a perspectiva é totalmente dela, que diz, por exemplo: "Um dia achei o vovô diferente e perguntei pro meu pai se ele estava encolhendo" (Moreyra, 2008: 12). Nas lindas imagens em aquarela, vemos os ambientes e os personagens, inclusive a menina que narra a história. Há, portanto, uma incongruência "autorizada" para indicar, imageticamente, a menina como parte de uma narrativa em terceira pessoa e, verbalmente, como alguém que conta tudo a partir de seu ponto de vista. O enquadramento verbo-visual do texto, porém, leva o leitor a compreender que se trata da mesma personagem.

A respeito da referência à primeira pessoa, Maria Nikolajeva e Carole Scott (2011: 164) destacam:

Em um livro ilustrado, um narrador em primeira pessoa significaria que, embora compartilhássemos seu ponto de vista, nunca o veríamos em uma ilustração. O que, para um leitor simples, apresentaria consideráveis dificuldades. Porém, de modo geral, a convenção da comunicação visual, seja ela pintura, filme ou livro ilustrado, também cria em nós a expectativa de ver o protagonista na imagem, e essa convecção é válida ainda que o autor tenha optado por contar a história da perspectiva da primeira pessoa. Entretanto, existem maneiras de permitir ao leitor compartilhar do ponto de vista do narrador em primeira pessoa e ainda retratá-lo na imagem.

Ainda que o padrão seja esse, com o narrador verbal em primeira pessoa, mas com o narrador implícito na imagem colocando o protagonista como uma terceira pessoa, em algumas obras, o ilustrador consegue reservar a imagem somente para aquilo que o protagonista vê – e isso não inclui sua própria pessoa.

A narração em primeira pessoa também expressa pela parcela imagética ocorre em *A avó amarela*, de Júlia Medeiros, ilustrado por Elisa Carareto (2018).

Figura 8 – Narrativa em primeira pessoa em ambas as parcelas:
"A boca da minha avó passava as noites de molho num copo, em cima do criado-mudo, sem dizer uma palavra. 'E você não tem medo de que ela se afogue, Vó?'
'Que nada! Depois que ela passou a dormir na água, nunca mais tive sede à noite, durmo feito fada'."

Fonte: *A avó amarela*, de Júlia Medeiros e Elisa Carareto (Ôzé, 2018: 8-9).

Fazendo memória de uma avó que não existe mais, similarmente à temática do livro mencionado antes, nesse caso, a personagem-narradora diz "E Vó Amarela me sorria com os dentes de porcelana (a boca da minha avó parecia um jogo de chá)", ou seja, usando a referência da primeira pessoa, e as ilustrações, que mixam várias técnicas, incluindo fotografias (ou partes delas), como se recortadas de jornais e revistas, mostram o narrado a partir dessa primeira pessoa, pois ela não é figurada nas imagens, a não ser, em uma das páginas, por um par de pés descalços que a indicam metonimicamente, mas como se ela mesma se mostrasse de cima, percebendo seus pés. O que vemos nas imagens é aquilo que ela mesma vê e nos mostra.

Raramente, o comportamento elocutivo é expresso pela imagem e não pelas palavras. Em *O menino mais bonito do mundo*, de Ziraldo (1983), o narrador explícito, verbal, trata, em terceira pessoa, de um personagem que é identificado como *o menino mais bonito do mundo*. Na ilustração, porém, o que se oferece ao leitor é a visão que o próprio menino tem dos fatos narrados, e nunca sua imagem. Com isso, o olhar do leitor coincide com o do protagonista. Quando lemos "Ele sorriu e olhou para além da árvore. Lá longe viu as montanhas e o mar [...]", vemos exatamente o que o personagem vê: uma paisagem com árvores; detrás, o sol; ao longe, o mar e as montanhas. Dessa maneira, pela perspectiva adotada na imagem, o leitor, a quem se dirige a história, é convidado a estar "no lugar" da personagem, sendo, durante a leitura, ele próprio o menino mais bonito do mundo.

E, por fim, nos livros para crianças, é bastante recorrente o recurso ao comportamento *alocutivo* do narrador, interpelando diretamente o leitor, como em *Procurando firme*, de Ruth Rocha (1984), em que o narrador simula uma conversa com o leitor ao longo de toda a narrativa, usando, portanto, marcas linguísticas de segunda pessoa, como o imperativo voltado para o interlocutor ou o pronome pessoal mesmo: "Espera um pouco", "Você não sabe...".

– Esta é uma história de um príncipe e de uma princesa.
– Outra história de príncipe e princesa? Puxa vida! Não há quem aguente mais essas histórias! Dá um tempo.
– Espera um pouco, ó! Você não sabe ainda como a história é!
(Rocha, 1984: 2)

A ilustração pode também apresentar esse comportamento alocutivo, voltado diretamente para o leitor, interpelando-o. É um recurso bastante utilizado. Em *Este é o lobo*, de Alexandre Rampazzo (2016), a perspectiva narrativa é da terceira pessoa, referindo-se ao lobo delocutivamente. Na imagem, porém, a interpelação do leitor é feita, desde a capa, com o lobo figurado com os olhos fixos em quem o vê. São olhos hipnotizantes, entreabertos, ameaçadores, combinando com o imaginário do leitor acerca da ferocidade desse personagem tão conhecido. É assim que a "fera" aparece nas páginas à direita, apenas com a diferença de tamanho que ocupa no enquadramento em função do que se narra. Na cena final, enfim, o lobo volta-se para os outros personagens, pulando e brincando, não mais parado e com o olhar amedrontante, deixando o leitor "de lado".

Enfim, a perspectiva narrativa é, nos contos ilustrados, um elemento de grande potencial criativo, justamente por causa das diferenças entre palavra e imagem como formas distintas de acesso ao significado. Quando trabalham em conjunto, a maneira como se organizam pode criar múltiplos efeitos de sentido.

PROTAGONISMO DE ANIMAIS, MENINOS E MENINAS

Embora a tendência para personagens animais e crianças não seja nem exclusividade da literatura dita infantil, nem obrigação para captar leitores de pouca idade, observa-se, de um lado, como herança do folclore e das fábulas, a profusão de histórias de animais nos livros para crianças, e, de outro, a recorrência do protagonista menino ou menina, que facilita a identificação do leitor mirim, ou do leitor adulto que espelha sua própria infância nas ações de personagens crianças.

Segundo Teresa Colomer (2017), a utilização de protagonistas crianças nas histórias mostra-se, na primeira metade do século XIX, na Europa, bastante marcada por um caráter pedagógico, com o intuito de modelar comportamentos. Mais tarde, esse protagonismo aparece em crônicas familiares e em histórias voltadas para a psicologia social da infância, às vezes tratando de orfandade, às vezes fazendo denúncia social, mas também em histórias "escolarizadas", orientadas para moralização das ações. A partir da Segunda Guerra Mundial, a fórmula de um grupo de meninos protagonistas serviu, em grande parte, para educar as jovens gerações com valores que impedissem, no futuro, os horrores da guerra. Em relação à maioria das narrativas protagonizadas por animais, o que se constata, na verdade, é que são bichos antropomorfizados que substituem a sociedade humana. Colomer também explica que essa prevalência de animais protagonistas em narrativas para a infância ganha mais expressividade após o desenvolvimento do livro ilustrado.

A literatura infantil brasileira, inicialmente apegada a obras vindas, sobretudo, de Portugal, revelam, segundo Nelly Novaes Coelho (2006), forte orientação ideológica cristã-burguesa-liberal desde meados do século XIX, na fase considerada pré-lobatiana (até 1920). A influência, portanto, da cultura europeia é muito forte nessa época. Nas fases lobatiana e pós-lobatiana (de 1920 até hoje), quando a literatura infantil e juvenil ganha cores nacionais, ainda se consagra o predomínio de uma literatura com intencionalidade pedagógica. Na década de 1930, o realismo e a fantasia se alternam em narrativas cujo protagonismo é, quase sempre, da criança. Já os anos de 1940 são marcados, por um lado, pela explosão das histórias em quadrinhos, com seus super-heróis, séries detetivescas e aventuras resultantes da fusão entre o maravilhoso e a ciência, mas, por outro, por uma rejeição aos contos de fadas, provocando uma abundância de títulos estritamente "reais" que, segundo Coelho, eram medíocres como literatura. Na segunda metade do século, embora se observe uma maior sintonia com o contemporâneo, o tom predominante nas obras é do humor e do divertimento. De todo modo, como se constata, a obra de Monteiro Lobato é considerada um divisor de águas da literatura infantil brasileira, servindo, inclusive, como marco histórico, ainda de acordo com Coelho.

É a partir de 1970 que a literatura infantil e juvenil brasileira ganha seu devido reconhecimento, recebendo vários prêmios internacionais e tendo a ilustração como um dos fatores responsáveis pelo seu *boom*. Observa-se, desde essa época, o protagonismo nas histórias ocupado por animais e por crianças, sendo possível afirmar, de nossa parte, que, ultimamente, há predominância de protagonistas meninos e meninas e, com frequência, a presença de animais antropomorfizados se vincula a histórias nas quais se faz necessário um pouco de distanciamento de situações difíceis relatadas, como as borboletas Romeu e Julieta, em obra homônima de Ruth Rocha (2009), que se perderam na floresta enquanto brincavam escondidas, ou de personagens que sofrem, como a baleia, vítima de assédio sexual, no livro *Leila*, de Tino Freitas (2019).

Vânia Maria Resende, no livro *O menino na literatura brasileira* (1988: 99-100), explora o protagonismo de meninos em livros de Ziraldo, Ana Maria Machado e Bartolomeu Campos de Queirós, afirmando que esses são autores que declaram não escrever especificamente para crianças, apesar de as histórias agradarem o público infantil. São apresentadas algumas justificativas para isso, como certo compromisso com a fantasia, "falando a mesma linguagem da infância" e o jogo poético, "que cria empatia com os seres de menor idade" por remeter a banalidades do cotidiano, a elementos do dia a dia transfigurados em raridades imaginárias, recobertos de senso *incomum*. Somam-se a esses fatores a ausência de "verdades prontas" a serem ensinadas, além do constante protagonismo do menino nas obras desses autores. São todos ingredientes favoráveis para a identificação da criança, ou para a abertura do adulto que aceita se afetar e reformular o pensamento, tal qual um menino, ou uma menina.

Nikolajeva e Scott (2011) também atestam a predominância de protagonistas crianças nos livros ilustrados. Tomando a perspectiva semiolinguística, é possível prever o interesse das crianças por livros cujos protagonistas sejam meninos e meninas, justamente porque a adesão do leitor ao projeto do texto, tendo como personagem alguém que facilmente reconhece como semelhante, é bastante presumível, assim como ocorre se o personagem é um animal que age sem o peso de uma modelação "humana" muito rígida, e que deixa mais livre o leitor, caso precise se distanciar da trama por não suportar a situação vivida pelo personagem por algum motivo.

Podemos observar a importância de ter uma criança como protagonista na história em *Inês*, de Roger Mello (2015), com ilustrações de Mariana Massarani, não só para inscrevê-la no texto como destinatária, mas também para mudar a perspectiva da história, tão famosa desde *Os Lusíadas*, de Camões, por seu tom enamorado e trágico. Não é tarefa simples contar, de forma leve, como uma rainha é coroada depois de morta e enterrada, por imposição de um rei apaixonado, indignado com a impossibilidade de desposá-la em vida e de dividir com ela sua majestade.

Além da inteligente e sensível ilustração de Mariana Massarani, com seu traço infantil e representações detalhadas da cultura de outra época, a parcela verbal traz, em uma linguagem muito poética, o ponto de vista da menina Beatriz, filha mais velha de Pedro (o rei) e Inês (sua amada), sobre esse amor lendário, que originou a fórmula "Agora Inês é morta". Capa, contracapa e folhas de guarda têm o fundo vermelho "sangue" e trazem uma interminável fila de súditos para o "beija-mão" da rainha morta. É uma fila que serpenteia todo esse espaço, mostrando, de forma muito divertida, gente de toda espécie, velhos, crianças, jovens, grávidas; camponeses com seus patos, galinhas, ovelhas, bois, cachorros, gatos; nobres com seus chapéus diferenciados, roupas características da época e das castas, vestidos ricos; reis e servos. A imensidão da fila e a variedade de pessoas intensificam a importância dada ao acontecimento. No verso da falsa folha de rosto, vemos uma menina com um bebê ao colo, acompanhada de cinco mulheres inteiramente de preto, com semblantes tristes. Ali é apresentada imageticamente a protagonista narradora.

A história propriamente dita começa com as seguintes palavras, enquadradas em uma moldura florida, em um fundo verde, com passarinhos e um caracol, desenhada a lápis, na página à esquerda:

> Quando eles se conheceram, eu andava escondida no meio de outras coisas. Curva de brisa, alga vermelha, briga de passarinho. Eu ainda não era uma vez. (Mello, 2015: 1)

Na página à direita, preenche-se parcialmente de sentido o pronome "eles" com a imagem de Inês, vertendo uma lágrima em forma de coração vermelho, olhando de soslaio Pedro, que responde disfarçadamente também com o olhar, já tendo um coração igualmente vermelho plantado no peito. O fundo da cena traz o mesmo tom da capa. Entre eles, seu pai, o rei, que não permitiu o casamento. Essas informações mais precisas são dadas aos poucos pela narrativa. Na página posterior, a confirmação da narradora menina: "Meu pai era Pedro". A simulação de troca com o leitor, comum em histórias para crianças, é utilizada:

> Uma carruagem veio para Castela.
> Trouxe Inês pra ser ama da princesa Constança.
> Princesa Constança?
> É, esposa de meu pai.
> Ah, sua mãe.
> Não, minha mãe era Inês,
> essa moça que sorriu quando o príncipe fez
> a carruagem parar. (Mello, 2015: 6)

Continua Beatriz, a filha menina narradora, que aparece contando a história, dançando, como se flutuasse: "Pedro sorriu sem pressa. O cavalo de Pedro sorriu pro capim. Briga de brisa, curva de passarinho. Algo vermelha. Inês, minha mãe" (Mello, 2015: 8).

A poeticidade do texto, tanto pela parcela visual quanto pela verbal, mexe com o leitor, desafiando-o a interpretar os signos a favor das emoções que expressam: "O cavalo de Pedro sorriu pro capim", além de gracioso, mostra o constrangimento diante daquele encontro de amor. O embaralhamento dos termos em "curva de brisa, alga vermelha, briga de passarinho", notada em "briga de brisa, curva de passarinho. Algo vermelha" se repete outras vezes no conto, emparelhado aos sentimentos que vão se alterando. Nessa primeira confusão, mostra o desarranjo causado por aquele "amor à primeira vista". Quando Dom Afonso, pai de Pedro, envia Inês para longe, após a morte de Constança, lemos: "onde nem brisa nem passarinho chegavam. Briga vermelha, curva de alga" (Mello, 2015: 17). Nesse lugar, Inês viveu com seus filhos. Eles assistem ao assassinato de Inês, estampado em página dupla, fundo vermelho, novamente, tendo os algozes sido representados apenas da cintura para baixo. Um deles enfia uma adaga no peito da mulher. Tempos depois, Pedro leva, em cortejo, Inês, morta, até Coimbra, onde foi coroada. Inês então é figurada na cor roxa, e Beatriz aparece em seu colo, mexendo em seus cabelos arrumados e na coroa.

Na página com fundo verde, em que Inês aparece voando com asas de anjo, lê-se: "Voltando pra casa, a carruagem balançava, me empurrando pro lado do Afonsinho, do Dinis e do João. Sempre que eu fazia carinho no bigode preto de Pedro, acabava segurando seu sorriso" (Mello, 2015: 35).

A perspectiva da criança, encharcada de simplicidade e empatia pelo pai, destituída de julgamentos, não esconde o terrível acontecimento, mas revela a capacidade de superação de alguém envolvido emocionalmente ao contar um fato – tão dolorido e tão espetacularmente apaixonado – dessa maneira. Os jogos de palavras e a sensibilidade – também percebida nas imagens desenhadas como as de uma criança – engajam o leitor em uma trama apresentada numa perspectiva "infantil", naquilo que há de mais singelo e limpo de sentimentos. É um conto ilustrado para todos, efetivamente projetado para crianças pequenas e para adultos sofisticados, abertos para a percepção da vida com um olhar de criança. A tragédia vivida por essa família não se sobrepõe à beleza do amor na forma como enxergada pela filha e apresentada ao leitor por Roger Mello e Mariana Massarani. Toma-se a perspectiva da criança, narradora da história, em seu jeito de contar, tanto nas palavras, quanto nas imagens.

JUNTO E MISTURADO: DESCREVER, NARRAR E ARGUMENTAR

A superfície dos contos ilustrados de que tratamos, como nas narrativas em geral, é constituída de dois modos de organizar o texto, complementares e misturados: o *descritivo* e o *narrativo*. No célebre texto de Gerard Genette, "Fronteiras da narrativa" (2015: 58), esse fato é consistentemente explicado:

> [...] toda narrativa comporta – ainda que intimamente amalgamadas e em proporções muito variadas –, por um lado, representações de ações e de acontecimentos, que constituem a narração propriamente dita, e, por outro lado, representações de objetos ou de personagens, que são o feito daquilo que hoje em dia chamaremos de "descrição".

Contar seria, portanto, *descrever* e *narrar* de forma associada. Não é possível narrar, apresentar ações ou acontecimentos, sem descrever, sem indicar seres e objetos e sem mostrar suas caraterísticas, a fim de que existam nos textos. Segundo Genette, seria mais fácil descrever sem narrar do que o contrário, pois os objetos podem existir sem movimento, mas é impossível existir movimento sem objeto. Ainda assim, a descrição pode ocupar grande parte da narrativa em gêneros como a epopeia, o conto, a novela, o romance, e não deixar de ser auxiliar à narração.

De acordo com esse raciocínio, não haveria gêneros descritivos nos quais a narrativa seria auxiliar da descrição (talvez em narrativas *não prototípicas*, na forma como definiremos mais adiante). As diferenças entre descrever e narrar seriam, segundo o teórico, de conteúdo, sem existência semiológica, porque os mesmos recursos linguísticos são utilizados por ambos os modos ao se contar uma história. Concordamos com ele na relevância necessariamente atribuída para a descrição nas narrativas, pois é ela que permite percebermos o imaginário que subjaz à história contada.

Quadro 4 – Diferenças entre narrar e descrever

NARRAR	DESCREVER
Ações ou acontecimentos considerados como processos, acentuando o aspecto temporal e dramático da narração.	Objetos e seres considerados em sua simultaneidade, visando aos processos como espetáculos; suspende o curso do tempo e expõe a narrativa no espaço.
Atitude ativa.	Atitude contemplativa, mais "poética".
A sucessão temporal dos acontecimentos é restituída na sucessão temporal de seu discurso.	A representação de objetos simultâneos e justapostos é modulada no caráter sucessivo dos acontecimentos.

Fonte: Criação própria, baseada nas noções exploradas por Genette (2015).

Corroborando essa diferenciação, ao mesmo tempo em que associa os dois modos no *contar*, Patrick Charaudeau (2008) afirma que o modo descritivo constrói uma imagem atemporal do mundo, expandindo-se fora do tempo, enquanto o narrativo desdobra necessariamente suas ações em uma sucessão temporal. *Contar* pode ser entendido como descrever uma sequência de ações, de fatos, acontecimentos. Porém, para uma sequência de ações chegar a ser considerada uma *narração* propriamente dita, *prototípica*, é preciso que haja uma tensão, um conflito, uma experiência humana exposta como algo com princípio e fim. A descrição organiza o mundo de maneira taxionômica (classificando os seres), descontínua (sem ligação entre os seres nem entre suas propriedades) e aberta; já a narração organiza o mundo de maneira sucessiva e contínua, até que haja um fechamento do narrado.

Descrever, segundo o semiolinguista, *fixa* lugares, épocas, maneiras de ser das pessoas, as características dos objetos. Nos textos verbais, isso acontece por meio de nomeações, qualificações e localizações dos seres e objetos. Podemos acrescentar que, na imagem, esses procedimentos também são possíveis porque o signo imagético, ao se parecer com aquilo que representa, pode identificá-lo, assim como pode qualificá-lo também por mostrar como ele é. Sendo inserido em uma cena, também consegue localizá-lo, situá-lo em relação a ela, reforçando sua caracterização.

Consideramos também a convergência entre o conceito de descrição e o de *referenciação*, bastante explorado pela Linguística de Texto, que diz respeito ao modo como um *objeto* (de linguagem) é inserido em um texto e como é retomado. Nos contos ilustrados, o processo de referenciação, seja como a entrada de um *objeto* no texto, seja como de retomada de um *referente* em outra parte dele, pode se dar não só pela palavra, mas também pela imagem. Em ambos os casos, a forma utilizada para indicar algo pode acrescentar uma avaliação (positiva/negativa) ao elemento ou, inclusive, subverter seu significado. É a referenciação o processo que materializa o ponto de vista do sujeito produtor.

Por exemplo, o lobo é sempre o lobo, sem adjetivos, mas reconhecido, na nossa cultura e nas histórias para crianças, como representação da maldade, do perigo. Quando "entra" em um texto ficcional, é logo entendido em suas características físicas e naquilo que o *julgamos* ser: feroz. Contudo, em ilustrações como as de Lane Smith para *A verdadeira história dos três porquinhos*, escrito por Jon Scieszka (1993), ou nas de Jean-Claude R. Alphen, em *A outra história de Chapeuzinho Vermelho* (2016b), sua imagem ganha contornos bastante distantes do lobo de nosso imaginário. Como os títulos ajudam a crer, as histórias são paródias de contos "clássicos" e, como se tratam de "outras" histórias, os lobos são representados imageticamente de uma forma muito diferente, simpática, com dentes minúsculos no lugar das presas usuais. O lobo de Smith usa óculos, inclusive, e prepara bolo para a vovó. O de Alphen, muito sorridente, usa avental e faz panquecas para a vovó e para Chapeuzinho. No texto de Chico Buarque (1997), *Chapeuzinho Amarelo*, a palavra "lobo" é grafada, enquanto ele é assustador, com letras maiúsculas; já quando ele deixa de assustar, com minúsculas. Essas imagens e códigos acrescentam à ideia de "lobo", por meio de elementos visuais, qualidades (ele é bom ou mau), em um processo de referenciação que não só indica um elemento do mundo, mas o impregna de avaliação. Como sabemos, o processo de referenciação não se limita a indicar *objetos* do mundo, mas de, ao representá-los, vinculá-los a algum grau de julgamento.

É importante observar que, em geral, nesses textos, costuma haver uma correferenciação, atuando palavra e imagem juntas, em alguma medida, para indicar o mesmo referente. Quando lemos "lobo" e vemos a imagem de um lobo, a tendência é entender que um elemento aponta para o outro, em um processo coesivo que dá unidade à verbo-visualidade do texto, inclusive servindo como elemento de manutenção temática quando repetido em páginas diferentes.

Em síntese, o processo de referenciação está embutido no processo descritivo no/pelo qual identificamos os seres, damos qualidades a eles, além de localizá-los em algum ambiente e situá-los em um momento. A identificação pode ocorrer por meio de nomes, mas também por meio de imagens; a qualificação, por meio de adjetivos e outros recursos linguísticos que se prestam a destacar atributos de um ser, em geral, para singularizá-lo, entretanto, pode também estar estampada na ilustração, no modo de representar os seres visualmente. O local e o momento em que os seres estão inseridos, a situação em que agem e se comunicam, porém, quase sempre são indicados pela imagem. As formas utilizadas são selecionadas pelo produtor em função de uma intencionalidade, de um modo de dizer e de mostrar que servem para comunicar suas ideias ao leitor e captá-lo na interpretação, produzindo efeitos de sentido.

Assim sendo, a maneira como se apresentam os personagens e os ambientes tem um peso considerável no processo narrativo. A narração, como um todo, composta também pela descrição, constitui-se de uma sucessão de ações encadeadas de acordo com uma finalidade, a fim de formar a trama de uma história. A narração prototípica oferece uma sequência de ações organizada a partir de uma "falta", de uma "busca" e de uma "conclusão", que pode ser exitosa ou fracassada. Para ser "digna" de narração, uma história costuma apresentar uma motivação para que um personagem aja orientado por um objetivo, que pode ou não ser alcançado. As ações se apresentam, então, ligadas a personagens, aos ambientes e a uma temporalidade. Elas podem ser mais condensadas, ou mais expandidas, dependendo do ritmo da narrativa.

Há muitas variáveis possíveis para a montagem de uma trama. Vamos, porém, nos ater à história de Stephen Michael King, *O homem que amava caixas* (1997), que obedece a uma estrutura de *narração prototípica*. Apesar de transcrevermos aqui apenas parte da parcela verbal do texto a fim de exemplificar a construção da trama narrativa, vale destacar que a ilustração é primorosa e acrescenta muitos efeitos de sentido à totalidade da história.

Assim são apresentados os personagens: "Era uma vez um homem. O homem tinha um filho. O filho amava o homem e o homem amava caixas" (King, 1997: 5-110). Mais adiante, a "falta" que impulsiona a narrativa e a "busca": "O homem tinha dificuldade em dizer ao filho que o amava; então, com suas caixas, ele começou a construir coisas para seu filho. Ele era perito em fazer castelos e seus aviões sempre voavam... a não ser, claro, que chovesse" (King, 1997: 14-23). E, enfim, a conclusão mostra o resultado de suas ações: "[...] ele sabia que tinham encontrado uma maneira especial de compartilharem... o amor de um pelo outro" (King, 1997: 33-34).

A abertura mostra a motivação para o personagem-pai agir: a dificuldade em expressar seu amor ao filho. Na busca para solucionar esse problema, o pai começa a construir brinquedos com as caixas que ele tanto amava. Com isso, apesar da opinião dos vizinhos em relação às atitudes "esquisitas" do homem, pai e filho encontram um meio de compartilhar o amor.

Quadro 5 – Construção da trama na *narrativa prototípica*

ESTADO INICIAL (falta)	ESTADO DE ATUALIZAÇÃO (busca)	ESTADO FINAL (resultado em relação ao objeto da busca)	(+) êxito / (-) fracasso
A dificuldade do pai em dizer ao filho que o amava.	A construção de brinquedos com as caixas que o pai amava.	O pai e o filho compartilham o amor de um pelo outro a partir das brincadeiras que as caixas proporcionavam. (êxito)	

Fonte: Adaptado de *Linguagem e discurso: modos de organização*, de Charaudeau (2008).

Podemos afirmar, então, que essa história apresenta uma estrutura, demonstrada no esquema geral do Quadro 5, que atende ao pressuposto das *narrativas prototípicas*: conta-se algo que foge à rotina, à "normalidade", ao corriqueiro. Há uma busca, ou seja, um personagem que age em função de um objetivo e, para isso, utiliza meios adequados a seu propósito. Em consequência, obtém uma solução para seu problema que, em *O homem que amava caixas*, é coroada com êxito.

As obras que cotejamos aqui, no entanto, nem sempre se estruturam dessa forma prototípica. Há muitas delas que estão organizadas predominantemente para descrever uma sequência de ações ou para expor uma situação de vida, sem propor uma busca por uma solução, então, sem uma conclusão exitosa, ou fracassada sendo apresentada de forma explícita.

É o caso, por exemplo, de *O menino perfeito*, de Bernat Cormand (2017), que mostra Daniel, um menino "perfeito" em relação às expectativas sociais: comportado, bem arrumado, penteado, aluno da primeira fila na sala de aula, filho prestativo, leitor assíduo. No entanto, à noite, secretamente, ele se transformava. A palavra e a imagem em quase todo o livro mantêm uma relação de redundância (no sentido de indicarem os mesmos acontecimentos), descrevendo o personagem e suas ações, mas, na última página, a transformação do menino é comunicada apenas visualmente, com a imagem de Daniel frente a um espelho, usando vestido, colar, brincos, chapéu e uma estola de penas cor-de-rosa. A exclusividade da ilustração nesse momento, sem o auxílio da palavra, permite que a questão levantada pelo livro – meninos que se vestem como meninas, indicando a transexualidade – seja abordada com leveza, mas não sem o impacto que só a instantaneidade da imagem pode causar.

Nesse livro, são apresentadas as atividades rotineiras do menino e sua "ação secreta" – e, para isso, foi preciso usar recursos linguísticos e imagéticos próprios da narratividade, como verbos de ação, marcas de passagem do tempo, sequência de fatos. Entretanto, não é possível afirmar que haja o percurso *princípio-fim*, mas uma *exposição* de um problema por meio da *descrição de uma sequência de ações*, com a predominância de apresentação de características do protagonista. É como se a sequência de ações servisse para uma abertura sem fechamento, sem uma busca que levasse a um estado final como solução de um problema. A completude da narrativa estaria, nesse caso, sob responsabilidade única do leitor. Por esses motivos, entendemos esse tipo de texto como uma *narrativa não prototípica*. É ainda considerado um *conto* não só porque descreve ações de personagens, mas também porque apresenta um conflito, ainda que não seja a meta propor uma solução.

A *narrativa não prototípica*, muitas vezes, pode nem mesmo apresentar um conflito em si (a não ser muito indiretamente), como veremos com mais detalhes no último capítulo. Esse é o caso em *Da minha janela*, de Otávio Júnior (2019b), que descreve a favela e as ações relativas a ela simplesmente. A finalidade inscrita no livro é a de mostrar um panorama em relação àquele ambiente diverso do estereotipado, isto é, descrevendo-o de acordo com a perspectiva do autor, com o seu "lugar de fala". O objetivo de uma obra também pode ser o de confrontar o leitor com seus preconceitos, apresentando ações em sequências, mas sem encaminhá-las a um conflito. É o que ocorre em *O chefão lá do morro*, também de Otávio Júnior (2014), em que o leitor é "levado" a subir o morro com a expectativa de se deparar com esse "chefão", talvez um traficante, com base em seus próprios preconceitos em relação àquele ambiente, mas se surpreende ao encontrar, na verdade, um cachorro chamado de "Chefão".

Dar visibilidade a um conflito ou problema é outro aspecto que muito nos interessa na análise dos contos ilustrados em vista de sua *dimensão argumentativa*, definida por Ruth Amossy (2018: 44) da seguinte maneira:

> [...] a simples transmissão de um ponto de vista sobre as coisas, que não pretende expressamente modificar as posições do alocutário, não se confunde com uma empreitada de persuasão sustentada por uma intenção consciente e que oferece estratégias programadas para esse objetivo. Uma defesa no tribunal tem uma nítida visada argumentativa: seu objetivo principal é fazer admitir a inocência do acusado cujo advogado tem por tarefa defendê-lo, ou apresentar circunstâncias atenuantes que diminuirão sua pena. Uma descrição jornalística ou romanesca, entretanto, terá mais uma dimensão do que uma finalidade argumentativa. Ela aparece muitas vezes como uma simples tentativa de apresentar uma dimensão do real; não deseja provar, e às vezes se proíbe de fazê-lo. Contudo, não pode deixar de orientar o olhar e de conferir à paisagem ou ao personagem, que toma como tema, uma coloração e um sentido particulares.

Em outras palavras, de acordo com Amossy, de uma maneira geral, todo texto apresenta, em algum grau, uma dimensão argumentativa, já que ninguém comunica nada sem colocar no que diz seu ponto de vista, ou ainda sem desejar convencer o outro a respeito de uma opinião apenas implícita. A narrativa literária, ainda segundo Amossy, é extremamente propícia para suscitar reflexão e apresentar problemas sem impor, nem sugerir uma solução única. Essa prerrogativa é facilmente atestada nos contos ilustrados, principalmente aqueles que tratam de temas fraturantes, difíceis de serem trabalhados, inclusive, ou, sobretudo, com as crianças.

Patrick Charaudeau também problematiza a argumentação, considerando que ela possa estar apenas implícita, mas principalmente salientando um aspecto bastante relevante quanto à potencialidade persuasiva das narrativas: a proposta de uma trama da qual o leitor pode fazer parte, em uma atitude projetiva, por meio de sua identificação com as personagens. Essa atitude projetiva se diferencia da impositiva, própria dos textos explicitamente argumentativos, por meio da qual uma opinião é apresentada quase como obrigatória ao outro.

> [...] narração e argumentação revelariam duas atitudes diferentes mas complementares do sujeito falante. A que consiste em produzir a narração, isto é, em descrever as qualidades de seres do mundo e suas ações, não se impõe ao outro (aquele que recebe a narrativa); ela lhe propõe, ao contrário, uma trama narrativa do mundo do qual ele pode fazer parte. Essa atitude pode ser denominada projetiva: ela permite ao outro se identificar com as personagens da narração.
>
> Em contrapartida, aquela que consiste em produzir a argumentação, isto é, explicar o porquê e o como dos fatos, obriga o outro a se incluir num certo esquema de verdade. Essa atitude pode ser denominada impositiva: ela impõe ao outro seu modo de raciocínio e seus argumentos. Essas duas atitudes se mesclam, se interpenetram em muitos dos atos de comunicação, mas pode-se considerar que, conforme as situações e o que está em jogo na comunicação, cada uma, a seu turno, será dominante. (Charaudeau, 2004: 34-35)

Com base nessas considerações, podemos afirmar que, nos contos ilustrados, a atitude narrativa predomina em relação à argumentativa. Dito de outro modo: sua dimensão argumentativa, o caráter argumentativo da projeção possibilitada pela trama da história está apenas implícito, de modo mais ou menos "aberto". Essa dimensão é percebida na simples escolha do tema da obra, que provoca a exposição de um problema, como tantos evocados nas histórias ilustradas. A "mensagem" que inferimos após a compreensão do texto comprova a argumentação que subjaz à história.

Voltemos a alguns livros já citados para exemplificar o funcionamento da dimensão argumentativa da narração: em *O homem que amava caixas* (King, 1997), conhecemos a dificuldade de expressar amor em uma relação de pai e filho e ficamos satisfeitos ao ver que houve ali uma solução para esse problema, com a aproximação dos dois por meio dos brinquedos feitos de caixa. Concluímos – no mínimo – que há muitas formas de expressar o amor. Em *Chapeuzinho Amarelo* (Buarque, 1997), nos projetamos na protagonista medrosa, mas também arrumamos coragem, com ela, de enfrentar o lobo. Deduzimos, então, que enfrentar o medo "paralisante" é uma possível solução para superá-lo. Ou então aprendemos a ter uma visão mais crítica da vida, quando vemos que lobos podem não ser sempre ferozes e perigosos, quando conhecemos o protagonista de *A outra história de Chapeuzinho Vermelho* (Alphen, 2016b) ou de *A verdadeira história dos três porquinhos* (Scieszka, 1993). Já na história de Daniel, *O menino perfeito* (Cormand, 2017), somos confrontados com o fato de haver meninos que gostam de se vestir como meninas (e podemos imaginar que também haja meninas que gostem de se vestir como meninos), mas nenhum direcionamento a respeito de uma opinião sobre esse fato nos é induzido ou revelado. No livro, simplesmente apresenta-se uma questão. Enfim, sob toda narrativa vive um bom argumento a respeito de nossa inserção neste mundo.

A combinação entre *descrever*, *narrar* e *argumentar*, no conto ilustrado, prevê uma trama urdida com palavras e imagens para a projeção do leitor a fim de fazê-lo ter uma "experiência virtual" que o leva a refletir sobre sua humanidade. Voltando à epígrafe de Nancy Huston, porque nos identificamos com personagens e suas ações, da forma como são descritos ou mostrados, a ficção nos parece tão real quanto o chão que pisamos, sendo possível considerá-la como nosso próprio solo e, assim, tomá-la como parte de nossas vivências. Aderindo ao projeto de texto programado pelos autores, o leitor toma para si ideias e sentimentos. Com isso, reflete sobre as situações como se as vivesse e, assim, tira conclusões ao sabor não só do raciocínio conduzido pela trama narrativa, mas do afeto despertado ao experimentar uma situação externa que conseguiu internalizar. Talvez esse seja o segredo da literatura, da arte: o exercício da empatia pela imaginação.

Entre a poética e a ética nos contos ilustrados

A poesia tenta ser ou imitar o objeto ao qual se refere, por meio de formas analógicas.

Décio Pignatari
(*O que é comunicação poética*)

Uma ética amorosa pressupõe que todos têm o direito de ser livres, de viver bem e plenamente.

bell hooks
(*Tudo sobre o amor: novas perspectivas*)

Dominique Maingueneau (2006: 44), analista do discurso, no intuito de tratar especificamente do *discurso da literatura*, salienta como a "apreensão do fato literário", na atualidade, não pode dissociar o dito e o dizer, o texto e o contexto. A investigação sobre a linguagem literária se realiza, então, pregada às condições de enunciação, com o estatuto do escritor em relação a seu posicionamento no campo literário, com o direcionamento dado pelo gênero do texto, pelo destinatário idealizado para a obra, com seu suporte material, entre outros aspectos. O contexto, a partir dessa perspectiva, não é mais visto como uma externalidade que orbita o texto: "o texto é na verdade a própria gestão do seu contexto". As obras falam, sim, do mundo, mas sua enunciação é já parte dele, isto é, elas não são somente representação apartada do mundo; constituem-no. É com esse direcionamento que trataremos dos livros para (todas as) crianças, analisando a linguagem em sua singularidade enunciativa, sabendo que, ela própria, é parte do mundo que representa.

A fim de conduzirmos nosso olhar para a poética e a ética nos contos ilustrados, é necessário explicar algumas de nossas escolhas. A primeira diz respeito à perspectiva teórica utilizada, a *semiolinguística*. Isso significa que nossa análise estará concentrada na relação construída entre *forma* e *conteúdo*, sempre sendo consideradas as circunstâncias contextuais da enunciação: os interagentes (produtor e leitor), o momento (textos contemporâneos), o dispositivo (livros impressos), o domínio discursivo (literário), o gênero do texto (conto ilustrado), a História (especialmente o contexto de tensão entre o pensamento "conservador" e o "progressista").

De acordo com Patrick Charaudeau (2008), todo *ato de linguagem* é regido por um *contrato de comunicação* específico, que produz determinados *efeitos de sentido* por causa dos *implícitos codificados*, ou, em outras palavras, por causa das expectativas criadas no manejo com um gênero de texto particular. No nosso caso, estamos interessados no contrato de comunicação reconhecido e firmado por produtores (escritor, ilustrador, diagramador, editor, tradutor) e leitores (adultos e crianças) do *conto ilustrado*, sendo considerados os recursos de linguagem (verbo-visualidade, linguagem poética) e alguns dos temas explorados por esse gênero de texto.

A segunda escolha diz respeito ao tipo de contos ilustrados que privilegiamos para nossa reflexão: além de se constituírem de uma estrutura predominantemente narrativa (prototípica ou não), sua forma deve se mostrar propícia para a poeticidade e para a sensibilização, dando visibilidade a temas relacionados a uma socialização mais humana e justa. Nosso objetivo com isso é enfatizar o discurso amoroso, aquele que emerge das páginas dos livros para colocar em xeque algumas "certezas" e repensá-las. *Como* será dito e *o que* é dito em um conto ilustrado são dois aspectos que lidam diretamente com a poética do texto e com os imaginários de um grupo de indivíduos, que influem na ética social partilhada por ele.

O texto *iconoliterário* do conto ilustrado apresenta um arranjo singular em sua forma, que não se resume à soma de duas linguagens – palavra e imagem –, mas que resulta dessas linguagens amalgamadas. Seu caráter poético, como veremos, se manifesta em várias relações baseadas na *semelhança* entre as "coisas", ou, dito de outra maneira, na *iconicidade*. Além disso, as temáticas relacionadas à humanidade propriamente dita são potencialmente afetivas e colocam o leitor diante de si e da sociedade em que vive, ou melhor, diante de uma ética, através da poeticidade. Assim, temos um bem cultural muito profícuo para a sensibilização e para a reflexão, e para a aprendizagem de uma convivência mais plena.

A LINGUAGEM POÉTICA DO CONTO ILUSTRADO

Para explicar o conceito de *linguagem poética* em que nos apoiamos, recorremos à Semiótica desenvolvida por Charles Sanders Peirce (2003). Peirce estudou a linguagem em geral, os signos mais variados, e não exclusivamente o signo verbal, como faz a Linguística. Para Peirce, os signos podem até não ter um emitente humano, como acontece, por exemplo, nos fenômenos naturais: nuvens no céu indicam chuva; nuvens, então, são signo de chuva, pois fazem referência a ela. Ou seja, tudo aquilo que, estando no lugar de outra coisa, tem significado para além de sua própria existência pode ser tomado como signo – e isso, claro, inclui a palavra.

Sua teoria é constituída de várias tríades, ou seja, conjuntos de três conceitos. A mais conhecida é a que distingue tipos de signos de acordo com o modo como interagem com seu objeto: *ícones*, *índices* ou *símbolos*.

São *ícones* os signos que mantêm com seu objeto uma relação de *semelhança*, como todas as imagens, por exemplo, que significam porque sua forma é (quase) idêntica a seu significado.

Já *índices* são aqueles signos que mantêm uma relação de *contiguidade*, de proximidade com o objeto que significam, ou ainda, uma relação *indicial*, metonímica, como a da parte pelo todo, ou de causa e efeito, ou de instrumento pelo agente, isto é, significam porque sua forma *aponta* para seu significado, por exemplo:

> signo: nuvem no céu → significado: chuva
>
> signo: pegada na areia → significado: homem
>
> signo: brinquedo → significado: criança

Os *ícones* e os *índices* são considerados signos "incompletos" porque não agem pela força da convenção, como os *símbolos*. Eles significam ou porque se parecem com aquilo que substituem, ou porque são reconhecidos pela ligação que mantêm com aquilo que indicam, e não por simplesmente ganhar *status* de "lei", significando porque a coletividade aprendeu o sentido pela recorrência, pelo uso.

Por exemplo: na primeira página de *O menino quadradinho*, de Ziraldo (1989), vemos, distribuídas em quadrinhos, as imagens de uma pipa, de um cachorrinho, de uma bola, de um *skate* e de um par de tênis desgastados pelo uso. Esses elementos, representados *iconicamente*, porque seu desenho (forma) se parece com objetos de nossa realidade (conteúdo), são, indiretamente, *índices* da *infância*, pois apontam para ela por representarem coisas que estão ligadas a uma criança, às suas brincadeiras, à vida que leva, por *proximidade* entre os elementos e quem os usa. Eles levam o leitor a entender que se trata de uma criança, mas sem *dizer* "era uma vez um *menino*", que explicitaria um sentido por meio da palavra, um signo instituído coletivamente, mas que nem tem a aparência daquilo que significa, nem o indica por causa de um tipo de ligação que estabelece com ele.

Os *símbolos* são os signos "de lei", aqueles que mantêm uma relação *arbitrária* com seu objeto. O que caracteriza esse tipo de signo é a cristalização de seu significado *por convenção*, isto é, porque um grupo social o usa com recorrência para a comunicação, admitindo que o sentido atribuído a ele é um porque todo mundo o reconhece assim, e não porque se percebe uma semelhança entre signo e objeto, como ocorre com o ícone, nem uma relação de proximidade baseada na nossa experiência com o mundo, como vemos com o índice. Assim, o símbolo representa algo de maneira convencional, como ocorre com a palavra, cujo sentido é firmado no uso e no sistema de uma língua, ou como ocorre com uma placa de trânsito, que indica "contramão" (que não se parece em nada com seu sentido), ou "animais na pista" (que apresenta um desenho estilizado de bois e, portanto, guardando alguma semelhança com seu significado, mas significando apenas como categoria, pois o animal na pista poderia ser um cavalo, um bezerro etc.). Há muitas subdivisões dessa tríade, mas o detalhamento, para os fins deste livro, não se mostra necessário, bastando dizer que essas relações muitas vezes se misturam no processo de significação.

Essa tríade nasce de outra, essencial à compreensão da poeticidade pela perspectiva da semiótica peirciana: *primeiridade, secundidade* e *terceiridade*. Na *primeiridade*, a significação é iniciada ao se *sentir* uma percepção e, portanto, está circunscrita à *qualidade* (azul, quente, fedorento, melódico, azedo etc.) antes mesmo de ser ligada a algo do mundo (real ou imaginado). Então, na *secundidade* "reativa" à imersão sensível, a significação é desenvolvida, quando, pelo menos, relacionamos a qualidade a algo, ou em uma *terceiridade*, correspondente ao circuito completo da semiose, quando atribuímos um símbolo para "dizer" um significado.

A linguagem poética apresenta características que a tornam única. O *sentimento* que brota dela é suscitado para ser fruído pelo leitor em um nível de interpretação mais *sentido* do que *pensado*, mais *primeiro* do que *terceiro*, anterior à simbolização convencional (antes de atingir a *terceiridade*), mesmo sem ser possível "traduzi-lo" em palavras ou em imagens materiais, mas sendo evocado por elas. Uma sensação ou uma emoção são sugeridas *indiretamente*, sobretudo, por meio da *iconicidade*, quase sempre por metáforas (cujo funcionamento é o de um signo baseado na semelhança), ou por meio da *indicialidade*, por metonímias (quando o signo indica alguma coisa por uma relação de causa e efeito, ou de parte pelo todo). A linguagem poética a que nos referimos, portanto, é aquela que sugere, *mostra*, mais do que aquela que rotula – e nem sempre está em um poema, mas em textos em prosa, na publicidade, em imagens, em memes e até em xingamentos.

Nilce Sant'anna Martins (2000), com base na Estilística, nos ensina, por exemplo, que consoantes oclusivas, por seu caráter explosivo, reproduzem ruídos duros, secos, sendo as surdas [p], [t] e [k] as que dão uma impressão mais forte, violenta, fato que explica o emprego, sobretudo, de oclusivas bilabiais, em início de interjeições e de palavras que expressam indignação, raiva. Podemos confirmar essa explicação com as palavras "Pô!", "Caraca!". Para *mostrar* o sentimento, a forma se parece com ele. Consideramos esses exemplos como casos de linguagem poética apoiada em um recurso sonoro da língua, ainda que não esteja vinculado ao poema como gênero textual.

Um *sticker* (figurinha da internet) também usa a linguagem poética quando mostra a famosa Monalisa totalmente descabelada, com a frase "tô calma" na parte inferior da imagem. De uma maneira divertida, a intericonicidade ("intertextualidade imagética", que se baseia na semelhança entre o texto imagético atual e o texto imagético fonte) permite que o leitor entenda a desfiguração da personagem, conhecida pela sua expressão impassível, que aparece agora com os cabelos desalinhados como os de uma pessoa nervosa ou desesperada. A subversão da imagem original revela o sentimento de alguém que tenta ficar calmo como Monalisa, mas, como o cabelo mostra, não consegue. É pela tentativa de *mostrar o sentimento* pela sobreposição de imagens semelhantes (atualizada e original) que se constrói a linguagem poética dessa imagem.

Outro caso: o bigode tão conhecido de Hitler adicionado à imagem de alguém, como um governante, por exemplo, confere-lhe uma caracterização que mostra a semelhança entre essa pessoa e o líder nazista genocida. Ainda com base no conceito de linguagem poética definido pela Semiótica peirciana, também nesse caso estaremos utilizando um mecanismo de significação não convencional, que sugere qualidades, impressões, características, sem dizê-las, exigindo uma inferência mais ou menos sensível, mais ou menos oriunda do interdiscurso; são características *não ditas*, somente *mostradas*.

Há mecanismos específicos para fazer com que a linguagem seja propícia à poesia. Nessa direção, referindo-se ao signo verbal, Paul Zumthor (2000) explica que a linguagem poética permite aflorar, no leitor, a partir do sentido interpretado, sensações, como *consequências do texto*. São *provocadas* por ele (por alguma palavra dita, por uma situação criada e compreendida) e *sentidas* pelo leitor, que aciona seu "conhecimento poético", "antepredicativo", mais ou menos "preparado" para fruir.

De acordo com a perspectiva que adotamos, a marca fundamental do texto poético é a *originalidade*, nos termos de Peirce: característica do *ser em primeiro nível*; é ser o que é, antes de se ter consciência de que é. A originalidade é própria do sentimento (como *ato de sentir*) puro, ainda não atualizado em qualquer tipo de signo. Ser original (ou seja, da *primeiridade*: o *pavor*, por exemplo, sem ser identificado) é poder ser a *origem* de um *sentimento* (reação reconhecida na *secundidade*, quando identificamos o que é, mas ainda não atribuímos um nome ou outro símbolo para isso), que pode vir a ser significado genuinamente (na *terceiridade*, por um símbolo: o nome disto é *pavor*).

Observamos a atuação da poeticidade quando percebemos, em um texto, que a forma como ele foi produzido provoca em nós uma reação sensível, ou um entendimento afetivo, muitas vezes impossível de ser descrito. Quando chega a ser identificado por signos na representação simbólica (convencional), deixamos de vivenciar a *qualidade* em si para simplesmente nos referirmos a ele.

No livro *A raiva*, de Blandina Franco e José Carlos Lollo (2014a: 35), uma emoção é simbolizada pela sua designação mais direta, com a palavra *raiva*, mas também com a imagem de um monstrinho vermelho, uma bolinha com pernas e braços, com expressão furiosa. A narrativa mostra diversas situações que vão alimentando a raiva – inclusive sua própria ruminação, que também a nutre – até que fica imensa e explode. Na última página dupla, lê-se: "E você não imagina o trabalhão que deu pro bom senso arrumar aquela bagunça".

Com o propósito de identificar um sentimento que nos acomete conforme vão mostrando como ele cresce e se torna incontrolável, os autores usam o signo convencional – a palavra *raiva* – e o signo imagético, com a personificação da raiva – um monstro. Tanto ela quanto seu crescimento, materializado em seu agigantamento no decorrer das páginas, é significado por meio da iconicidade, que identifica (leia-se: torna idêntico) o *modo de ser* dessa emoção com o *modo de ser* do monstrinho. Trata-se, portanto, de um signo icônico, não simplesmente por ser imagem, mas por ser uma imagem metafórica, que desliza as *qualidades* de um elemento, a raiva (o crescimento irracional, o descontrole, o ímpeto da explosão), para o personagem que a *representa*: o monstro. Por outro lado, o fato de ser representada por um monstro, também metaforicamente, "empresta" sua "monstruosidade" para qualificar a raiva: ela é feiosa, maligna, ameaçadora; um perigo. O bom senso, seu antagonista, além de ser referido por palavras, é figurado como um homenzinho azul, que tenta consertar o estrago provocado pela raiva – significados representados do mesmo jeito que a raiva, com base na iconicidade; metaforicamente. Além do signo convencional – a palavra – que designa tanto a raiva quanto o bom senso, as metáforas trazidas pela ilustração mostram *como* eles são, nas qualidades que emanam das imagens, signos "degenerados", não convencionais, segundo a Semiótica, mas que mostram o indizível: suas *qualidades*.

Décio Pignatari (2004: 11), igualmente fundamentado pela semiótica peirciana, evoca Charles Morris, outro semioticista, para explicar magistralmente o que é um signo poético – considerando, sobretudo, a linguagem verbal:

> Charles Morris faz uma esclarecedora distinção entre os signos. Diz ele que há signos-para e signos-de. Um signo-para conduz a alguma coisa, a uma ação, a um objetivo transverbal ou extraverbal, que está fora dele. É o signo da prosa, moeda corrente que usamos automaticamente todos os dias. Mas quando você foge desse automatismo, quando você começa a ver, sentir, ouvir, pesar, apalpar as palavras, então as palavras começam a se transformar em signos-de. Fazendo um trocadilho, o signo-de para em si mesmo, é signo de alguma coisa sem poder sê-lo. Ele tende a ser um ícone, uma figura. É o signo da poesia.

Desse modo, o texto rotineiro, ordinário, prima por ser transparente, objetivo. Não interessa muito seu jeito de ser, mas *o que* ele diz. O texto poético é *extraordinário*, opaco, feito para ser contemplado, "curtido", saboreado; ele desafia o leitor para ser compreendido e fruído. O que interessa é *como* foi construído, daí extraímos seus *sentidos* – interpretando e sentindo.

Em *Uma historinha sem (1) sentido*, Ziraldo (1994) explora vários neologismos completamente inusitados para trazer a atmosfera dinâmica das histórias em quadrinhos e contar o fim de um super-herói que, apesar de usar muito bem seus cinco sentidos para se livrar dos perigos, não sabia ler e, por isso, tentando escapar de um incêndio, sai por uma porta em que estava escrito "EM CASO DE INCÊNDIO, NÃO SAIA POR ESTA PORTA" e sofre sérias consequências: "Um dia – estava muito calor – o herói sentiu sede, foi até a sua bat-cozinha e pediu ao seu fiel escudeiro para lhe preparar uma uif-laranjada caprichada. Na laranjada do infiel escudeiro havia um argh-veneno mortal; mas, antes de bebê-la, o herói teve o cuidado de testá-la com uma chuip-provadinha e descobriu tudo" (Ziraldo, 1994: 5-6).

Em "bat-cozinha", necessitamos de algum conhecimento sobre uma das histórias de super-heróis mais conhecidas, a do Batman, para saber que seu esconderijo se chamava "bat-caverna" e que, portanto, a "bat-cozinha" mencionada, provavelmente, era a do esconderijo do herói em questão. Nos outros termos criados, uma interjeição se junta a uma ação ligada, por contiguidade, a ela: em "uif-laranjada", "uif" pode indicar o prazer em matar a sede com uma laranjada; em "argh-veneno", "argh" expressa a aversão ao gosto do veneno e em "chuip-provadinha", "chuip" resulta do som ao se sorver um líquido rapidamente. São onomatopeias, palavras altamente motivadas, ou seja, semelhantes àquilo que indicam, sendo origem de imagens mentais relativas à ação descrita e, por conseguinte, de poesia, como novamente explica Décio Pignatari (2004: 53): "A poesia situa-se no campo do controle sensível, no campo da precisão da imprecisão. A questão da poesia é esta: dizer coisas imprecisas de modo preciso. As artes criam modelos novos para a sensibilidade e para o pensamento analógico. Uma poesia nova, inovadora, original, cria modelos novos para a sensibilidade: ajuda a criar uma sensibilidade nova".

Na opacidade do texto poético, guardam-se os "excessos" que acionam emoções e sensações, as *primeiridades* expostas ao sentir, em função da *qualidade* das coisas. Em todos os recursos para mostrar a semelhança entre elementos, a identificação de uma coisa por meio de outra, a *originalidade* agita o *sentimento* (*ato de sentir*) do leitor, como experiência prévia à racionalização. Nisso reside a *linguagem figurada*, mesmo a verbal.

O conto ilustrado, escrito majoritariamente em prosa, abriga graus diversos de poeticidade, havendo a sugestão de emoções e de sensações tanto realizada pela parcela verbal, quanto pela visual – e também pela combinação entre elas – com base na iconicidade, na semelhança. Podemos considerá-lo uma *prosa ilustrada poética*.

Para ser poético, *original*, o texto precisa *fazer sentir*, isto é, provocar o *sentimento* de uma qualidade. Mesmo a identificação do leitor com um personagem, que parece se assemelhar a ele, tem base na iconicidade.

A cena de *O matador*, de Wander Piroli (2014), ilustrado sensivelmente por Odilon Moraes, nos ajuda a compreender como isso pode se dar. O narrador, em primeira pessoa, conta sua vida de menino, quando tudo era mais tranquilo e se brincava na rua, inclusive atingindo pardais com pedras lançadas de bodoques. Ele, porém, não conseguia acertar nenhum passarinho e, por isso, era ridicularizado pelos colegas. Sozinho, em um de seus treinos de pontaria, um pardal pousou perto dele, então ele correu a pegar o bodoque e, calculadamente, acertou o bicho, que caiu no chão, mas ninguém viu, como era desejo do garoto. Precisou dar a volta para pegar a vítima e, quando tocou o pardalzinho, percebeu que ainda estava vivo, agonizando, "com seu pequeno coração de pardal pulsando atrás das penas arrepiadas" (Piroli, 2014: 25). Desesperado, o menino jogou-o de encontro ao muro. Ele ficou piando no chão. De novo, ele jogou o passarinho contra o muro e, enfim, sua vítima caiu inerte.

A marca de sangue do passarinho fica impressa no muro. Na página dupla seguinte, a sombra do garoto coincide, na altura do coração, exatamente com a mancha vermelha no muro. Na parte verbal, lemos: "E não piou mais. Aliás, piou sim. E continua piando dentro de mim até hoje" (Piroli, 2014: 29-30).

A violência que foi usada contra o pardal, por fim, ficou tatuada no coração do menino para sempre, como ocorre em todo grande arrependimento. A expressão desse sentimento é feita com essa imagem orquestrada pelas poucas palavras. Na convergência entre as duas linguagens, não só compreendemos como se sente a criança que ainda mora naquele narrador, como também, no impacto da percepção da dor por meio da mancha no muro, sentimos, pelos olhos daquele menino, como nossa aquela dor. A origem desse sentimento está, claro, no ritmo do texto, no tema, na narrativa muito bem conduzida, mas também na *originalidade* da coincidência entre verbal e visual que, esteticamente, com uma forma delicada e exigente de uma interpretação sensível, faz o leitor compreender a cena e viver virtualmente aquela experiência dolorosa.

A *originalidade* também pode ter uma base interdiscursiva, com um "gatilho" na superfície do texto, como no *sticker* da Monalisa já mencionado. Toda intertextualidade que evoca um texto específico, anterior àquele que lemos, produz um ponto de originalidade a partir da semelhança entre o texto atual e o texto fonte, colocando em evidência alguma *qualidade* em comum.

Em *Romeu e Julieta*, de Ruth Rocha (2009), por exemplo, a base da trama narrativa é semelhante àquela homônima criada por Shakespeare, mas com uma camada superficial bastante lúdica e divertida, com os protagonistas figurados como borboletas crianças. São borboletas de jardins diferenciados pelas cores que, embora proibidas de se misturarem, fazem amizade. A finalização, porém, é diferente do texto fonte, pois, após os jardins se unirem em busca de Romeu e Julieta que haviam se perdido na floresta, todos concluem que a segregação a que se acostumaram não só é desnecessária, como também irrefletida.

Nessa obra, a *originalidade*, como *ponto de origem* de percepção das qualidades e dos sentimentos, é flagrada na intertextualidade, que permite, primeiro, o comparecimento da história fonte (caso o leitor já a conheça), criando expectativas, inclusive, quanto às *qualidades* das personagens que se *assemelham* em alguma medida aos da narrativa em que se baseia o reconto. Segundo, a mesma intertextualidade autoriza as sensações emanadas nas "novidades" que se sobrepõem ao intertexto por meio da paródia com borboletas e o final mais tolerante quanto à diferença entre elas.

A *originalidade*, como *origem* de *sentimento*, obtida por meio de relações analógicas, isto é, que se estabelecem por causa de semelhanças, também pode advir do conhecimento linguístico ou semiótico. Isso pode ser percebido em *O gato e o escuro*, de Mia Couto, ilustrado por Marilda Castanha (2008), que conta a história da cor preta do Pintalgato, adquirida por causa de um susto e de uma desobediência. A mãe o proibira de atravessar o pôr do sol. Diz o narrador: "Essa era a aflição dela, que o seu menino passasse além do pôr de algum Sol. O filho dizia que sim, acenava consentindo. Mas fingia obediência. Porque o Pintalgato chegava ao poente e espreitava o lado de lá. Namoriscando o proibido, seus olhos pirilampiscavam" (Couto, 2008: 10).

A *originalidade* na expressão verbal é flagrada no neologismo "pirilampiscavam", na semelhança entre o modo como os olhos do gato piscavam, namoriscando o proibido: como pirilampos, ou vaga-lumes, pois *pareciam* acender e apagar. Na história, o gato, que era amarelo com pintas brancas, começa a ultrapassar o limite da noite e, com isso, vai ficando preto aos poucos. O escuro, então, tenta ajudá-lo, mas fica se lamuriando por viver afastado da luz, sem enxergar nada, causando medo em todos. A mãe gata aparece e consola o escuro, explicando que não é ele que mete medo, mas nós é que enchemos o escuro com nossos medos.

Diz o narrador mais uma vez: "A mãe gata sorriu bondades, ronronou ternuras, esfregou carinho no corpo do escuro. E foram carícias que ela lhe dedicou, muitas e tantas que o escuro adormeceu. Quando despertou, viu que suas costas estavam das cores todas da luz. Metade de seu corpo brilhava, arco-iriscando" (Couto, 2008: 28).

Há, nesse trecho verbal, outras expressões originais: "sorriu bondades", "ronronou ternuras" e "esfregou carinho", que objetificam emoções, ao colocá-las como complementos de verbos, com base em uma incongruência semântico-sintática. Não parece possível sorrir algo, nem ronronar, pois as ações são expressas pelos verbos integralmente, sem necessidade de complemento: são verbos intransitivos. Mesmo esfregar, que exige complemento, expressa, denotativamente, uma ação "concreta": esfregar algo, o chão, o corpo etc., e não "carinho". Além disso, sorrir e bondade; ronronar e ternura; esfregou e carinho são pares de palavras que não pertencem ao mesmo universo semântico. Então, como significam? Indiretamente, pois agem com sentido *figurado*, provocando *imagens mentais* a partir de *inferências sensíveis*: sorrir, em função de sua *positividade* (qualidade), é tomado como expressão de bondade; ronronar, em função de sua *delicadeza* (qualidade), expressão de ternura; assim como esfregar, em função de se parecer com *um cafuné* (qualidade), expressão de carinho.

Nesse fragmento, outro neologismo poético está fundamentado igualmente na semelhança: "arco-iriscando". O verbo, criado com base no substantivo *arco-íris*, empresta à ação seu significado: colorindo com todas as cores do arco-íris. A origem da sensação está na semelhança, seja entre o termo *arco-iriscando* e a forma tomada pelos verbos da língua portuguesa no gerúndio, seja entre a qualidade de um *arco-íris* e aquela atribuída ao corpo do escuro, que começou a brilhar, apresentando as cores do arco-íris. Dessa maneira, na "subversão" linguística, indiretamente, possibilita-se a exacerbação de uma *qualidade*, de um sentimento dessa qualidade, sendo as expressões linguísticas a origem deles por causa de relações baseadas, mais uma vez, em semelhanças.

Em relação à linguagem poética relacionada à palavra, Roman Jakobson (2004) também enfatiza a *similaridade*, observada nos paradigmas da língua, quando exposta na *combinação* das unidades linguísticas. Podemos perceber esse mecanismo poético nas rimas, por exemplo, que aproximam palavras por causa de seu som final semelhante, ou mesmo nas metáforas linguísticas, que aproximam palavras de universos distantes, por causa da semelhança em seus traços semânticos, a fim de deslocar características e atributos de uma para outra.

Nos casos de *O gato e o escuro* mencionados, a similaridade pode estar na aplicação de terminações de verbo a substantivos (combinação de unidades linguísticas), tornando-os verbos também, mas emprestando às ações os significados dos substantivos, como em "arco-iriscando" e em "pirilampiscavam". "Bondades", "ternuras" e "carinho" (nas expressões "sorriu bondades", "ronronou ternuras" e "esfregou carinho"), ocupam o lugar de complemento verbal na estrutura da oração, mas, em sua seleção, há uma "subversão" semântico-sintática que faz o leitor contemplar as palavras ao mesmo tempo em que imagina as ações da mãe gata encharcadas de sentimentos.

A imagem também pode, por semelhança, comunicar metaforicamente qualidades. Na ilustração de Marilda Castanha, por exemplo, o escuro é figurado como uma enorme cara preta redonda, com pingentes em toda sua circunferência, tal como um sol às avessas, desenhado de forma simples e com um rosto. É a semelhança entre a forma dada ao escuro e aquela comumente dada ao sol em desenhos que nos permite não só entender a materialização do escuro, mas também atribuir a ele a mesma imensidão e a mesma importância que damos ao sol ou à claridade.

As metáforas, sejam elas linguísticas, sejam imagéticas, estão sempre fundamentadas pela iconicidade, pela semelhança entre os elementos aproximados e, portanto, são potencialmente promotoras de originalidades e de poesia. Em *O gato e o escuro*, a mãe gata lança mão de uma metáfora para explicar aos filhotes o perigo de cruzar o limite do pôr do sol e ficar totalmente preto, como o Pintalgato: "Aconteceu assim: o gatinho gostava passear-se nessa linha onde o dia faz fronteira com a noite. Faz de conta o pôr do sol fosse um muro. Faz mais de conta ainda os pés felpudos pisassem o poente" (Couto, 2008: 9).

Para poder imaginar o elemento fantástico do conto, a gata sugere "fazer de conta" que o pôr do sol fosse um muro. Ao aproximar esses dois elementos – *pôr do sol* e *muro* –, é justamente a característica (qualidade) de ser limite, obstáculo, que se coloca em evidência de forma mais concreta, porque é "extraída" de *muro* e "deslizada" para *pôr do sol*.

No livro, também reconhecemos metáforas imagéticas na expressão dos medos com que enchemos o escuro: são monstros horrorosos, assustadores, com corpos e cabeças em combinações inusitadas. A imagem de um monstro costuma ser feia e sem uma forma reconhecida, assustadora, assim como os nossos medos: feios e assustadores. A representação imagética do medo, então, encontra, na figura do monstro, sua expressão por meio da qualidade que os une.

De acordo com Octavio Paz, o caráter poético de uma obra – e aqui incluo: do conto ilustrado – depende da opacidade de sua matéria e de sua capacidade de criar *imagens (figuradas)*.

> Nada nos impede de considerar poemas as obras plásticas e musicais, desde que tenham as duas características indicadas: por um lado, devolver seus materiais ao que são – matéria resplandecente ou opaca e assim rechaçar o mundo da utilidade; por outro, transformar-se em imagens e deste modo passar a ser uma forma peculiar de comunicação. Sem deixar de ser linguagem – sentido e transmissão de sentido –, o poema é o que está além da linguagem. Isso que está além da linguagem só pode ser alcançado por intermédio da linguagem. (Paz, 2012: 31)

A *imagem* de que fala Paz diz respeito à *linguagem figurada*, àquilo que evoca outra coisa quase sempre por meio da semelhança com ela ou por simbologia – em geral, para manifestar algo abstrato, ou "indizível", ou invisível –, como pressuposto para a *linguagem poética*. Seu significado não está nela mesma, mas naquilo que ela traz à lembrança; não está no texto, nem fora dele: é um *efeito* produzido por recursos textuais. A *imagem* da linguagem figurada pode ser produzida por meio verbal ou visual, mas sempre induzida por um processo de significação, seja pela semelhança que aproxima elementos, seja pela simbologia que determinado signo carrega por força da recorrência nas interações.

É preciso ter bem clara a distinção entre a *imagem* da *linguagem figurada*, a *imagem material* (por exemplo, das ilustrações) e a *imagem mental* simplesmente. Se a *imagem* da *linguagem figurada* é um efeito de sentido produzido durante a interpretação de um texto, a *imagem material* é concreta, produzida por meio de um equipamento e perceptível pela visão. Nesse caso, seu produtor observou o mundo em seu estado bruto e, com a utilização de algum tipo de artefato (lápis, crayon, máquina fotográfica, computador) constrói uma representação, incluindo nela seu filtro subjetivo. O interpretador da imagem material está diante de um signo, algo que está em lugar de outra coisa (é seu substituto) para indicá-la. Já a *imagem mental*, diferentemente das anteriores, é aquela produzida na mente, armazenada em nossa memória, e pode se basear tanto na experiência direta com o mundo físico, quanto em imagens materiais, em seus diversos meios de propagação (fotografias, desenhos, pinturas, filmes, ilustrações etc.).

Vejamos exemplos em um conto ilustrado. A imagem material da ilustração, por sua natureza, produz um efeito de ficção, pois os traços que a delimitam são relativamente dessemelhantes da realidade reproduzida – diferentemente da imagem realística da fotografia, por exemplo, que produz um efeito de realidade. Além disso, a ilustração se reveste de um estilo próprio, de acordo com as escolhas feitas pelo artista.

No caso do conto *A princesa desejosa*, de Cristina Biazetto (2012), a imagem material nos mostra uma moça, no alto de uma escada bem alta que, com seus vários braços, mexe, tentando pegar algo, em muitas casas localizadas em cima de árvores. Essa é a imagem material da *princesa desejosa*, protagonista da história. Como o epíteto é capaz de qualificar, ela é uma princesa que queria absolutamente tudo para si. Essa imagem material provoca nossos sentidos por mostrar uma moça com tantos braços, uma incongruência diante da realidade que conhecemos. O caráter ficcional da obra, porém, permite essa liberdade significativa.

Fazendo um recálculo para dar sentido a essa característica tão saliente da protagonista, o leitor é levado e convergir sua qualificação – princesa *desejosa* – e sua imagem – com muitos braços, inclinando-se para pegar tudo. Temos, portanto, uma *imagem material* que metaforiza visualmente essa caraterística incômoda da princesa, ser *desejosa*, hiperbolizada pelos inúmeros braços, o que intensifica, iconicamente, sua qualidade mais proeminente. Nesse caso, podemos dizer que a metáfora visual produz um *efeito de sentido*, a "imagem", própria da linguagem figurada, de ser *desejosa*.

A imagem mental pode ser fruto de uma experiência direta com o mundo, por exemplo, se encontrássemos face a face uma princesa "de verdade" e guardássemos a imagem dela em nossas lembranças. Também seria possível guardar na memória a imagem mental da mesma princesa se a víssemos pela televisão ou em fotos nas redes sociais. Entretanto, também podemos guardar uma imagem mental criada a partir dos imaginários que circulam no grupo social, provavelmente calcada em um estereótipo. Se fosse solicitado que imaginássemos uma princesa, certamente surgiria a imagem de uma mulher branca, loura, magra, delicada, ricamente vestida, em nossa mente – ainda que haja muitas princesas diversas desse modelo. A imagem mental pode ser produto de nossa imaginação, filtrada nos imaginários correntes, mas sempre estará vinculada às imagens visuais de nossa experiência direta no mundo e às imagens materiais que substituem os objetos da "realidade".

EMOÇÃO E DISCURSO

Outros elementos, colhidos no contexto cultural ou histórico, podem igualmente provocar uma reação emocional, por representarem algo fortemente marcado pelo medo, pela tristeza, pela raiva, pela alegria, por exemplo. A Semiolinguística chama esse tipo de estratégia discursiva para provocar reações emocionais de *patemização* (Charaudeau, 2007). É um recurso que não depende da iconicidade, ou da semelhança entre elementos, mas do emprego de *representações* que ganham um julgamento de valor calcado nos saberes de crença partilhados socialmente, nos quais se apoiam as emoções. A utilização de representações patêmicas em um texto faz parte de um planejamento cujo intuito é emocionar.

É o caso de *O anjo da guarda do vovô*, de Jutta Bauer (2009). Nessa obra, o reconhecimento da simbologia do nazismo pode adicionar o sentimento que a realidade pavorosa arquitetada por Hitler provoca, principalmente para aqueles que, de alguma maneira, têm ou tiveram relação mais direta com ela. Na história, um garoto fala de seu avô e de como ele gostava de contar suas experiências de vida, retratadas em *flashback* ao longo das páginas, com o acréscimo, apenas na ilustração, de um anjo da guarda transparente (aliás, uma "anja") que protegia o avô-menino o tempo todo, em todas as suas ações e, por isso, ele podia ser o garoto mais corajoso de sua turma. Na página em que ele diz "Nunca fui covarde. Naquele tempo eu não sabia o perigo que corria" (Bauer, 2009: 23), a imagem mostra o menino fazendo careta para um soldado nazista (reconhecido pela indumentária), que o anjo da guarda distrai. Na página seguinte, ele cita um amigo, Samuel, figurado com a estrela de Davi (marca obrigatória dos judeus), que, de repente, sumiu. O reconhecimento desses símbolos traz uma avaliação coletiva carregada de emoção, de aversão, de medo, por causa da referência ao sofrimento causado pelo nazismo.

Há expressões que indicam claramente uma emoção, como "tenho medo", "tenha piedade!", ou a fisionomia modificada pela raiva; assim como descrições patêmicas, nas quais uma cena dramatizante é proposta com o objetivo de revelar uma emoção, por exemplo, uma cena de paixão em um filme, com o beijo do casal protagonista, ou uma cena de desespero com reféns de assalto. Contudo, a visada patêmica mais eficaz é aquela que se instaura com o emprego de *representações* que apenas *sugerem* emoções, levando o leitor ou interpretador a *inferi-las*, como a blusa de escola ensanguentada que vemos a mãe depositar sobre o caixão de sua menina em uma reportagem sobre bala perdida.

Em uma gradação, podemos dizer que nomes de emoções ("amor", "angústia", "solidão") não suscitam necessariamente sentimento no interlocutor; palavras ou imagens que indicam um universo favorável para despertar emoções ("assassinato", "vítimas", "desastre ambiental", "nazismo"), são potencialmente patêmicas; mas enunciados, mesmo sem símbolos evidentemente patêmicos, ligados a determinadas situações, podem ser altamente propícios ao desencadeamento de emoções. De todo modo, ainda que não esteja ligada diretamente à iconicidade que provoca a exacerbação de uma qualidade, de um sentimento, a patemização fornece, discursivamente, por meio de uma inferência intelectivo-afetiva, mais um recurso para a sensibilização que também pode se ligar à poeticidade de um texto.

Observa-se a utilização dessa estratégia nos textos mais variados, incluindo os midiáticos que promovem a espetacularização das desgraças do dia a dia, enfatizando representações favoráveis à inferência afetiva. Por exemplo: em uma manchete de primeira página do jornal *O Globo* (Garcia, 2022), lia-se: "Estupro, asfixia e sequestro: o que se sabe sobre o crime", abaixo da fotografia de uma menina sorridente. Se os termos "estupro", "asfixia", "sequestro" e "crime" já são favoráveis para despertar angústia e indignação, a proximidade com a foto induz a uma ampliação desses sentimentos por estarem ligados ao sofrimento de uma criança.

Se, no discurso midiático, a patemização se liga à captação do leitor/espectador e consequente consumo do jornal, no discurso literário, seu compromisso é com a sensibilização do leitor para a fruição, que o impacta e o tira de sua "zona de conforto". Quando atrelada à poeticidade do texto, a patemização se junta a outros recursos voltados para uma "estética do sentimento".

A abertura do conto "O mau lobo", de Valter Hugo Mãe (2018: 65), pode nos ajudar a entender como isso funciona: "Os lobos farejaram a menina como se toda ela fosse um traço de sangue a percorrer a floresta. Apoquentada com os bolinhos frescos, metidos numa dobra de linho bordado, ela seguia o caminho sem desvios, avisada contra os perigos e para a necessidade de medir inteligentemente o sol".

O fato de haver lobos atrás de uma menina que segue pela floresta tentando não se desviar do caminho remete o leitor imediatamente à história de Chapeuzinho Vermelho. Mais uma vez, a intertextualidade nos faz sobrepor as narrativas e prever acontecimentos. A violência iminente contra a menina instaura um clima de tensão, pois inferimos o medo – que será dela e nosso. A frase inicial "Os lobos farejaram a menina como se toda ela fosse um traço de sangue a percorrer a floresta" despeja no texto toda a animalidade dos algozes, que, nesse reconto, são muitos: *lobos* (no plural). A comparação da menina com *um traço de sangue* a resume à qualidade exaltada – ela é uma presa certa – e o modo como os lobos se interessam por ela nos leva também a uma atmosfera pavorosa, em virtude do que sabemos sobre os lobos. Em outras palavras, nessa abertura, Mãe consegue mesclar a poeticidade das palavras ao julgamento que partilhamos a respeito dos lobos e às emoções evocadas pelas representações.

Parte dos saberes que um grupo social partilha diz respeito apenas aos julgamentos realizados coletivamente; outros, aos conhecimentos obtidos por meio da ciência, ou da escolarização – com dados comprobatórios –, ou ainda por meio da experiência direta com a realidade. Esses saberes compõem os imaginários sociais, isto é, universos de significações que sustentam a identidade de um grupo. Os imaginários têm, portanto, papel de espelho identitário, testemunhando como indivíduos ou grupos percebem os acontecimentos e os julgamentos que fazem das atividades por meio das quais interagem. Quase sempre, os imaginários orientam o pensamento de maneira inconsciente. Para se ter consciência deles, é preciso desenvolver a capacidade crítica. Um dado que comprova como o imaginário atua na nossa maneira de viver e de pensar é o preconceito, ideia "pré-concebida" que colhemos do senso comum e que nos faz sentir parte de um grupo. Da mesma maneira, as emoções coletivas, muitas vezes, são acionadas por causa dos imaginários.

Vejamos um exemplo de como isso ocorre facilmente com o conto ilustrado *O chefão lá do morro*, de Otávio Júnior (2014: 4), com ilustrações de Angelo Abu. O título enquadra a narrativa nos limites de um "morro", isto é, de uma favela, e, provavelmente, vem embutida a violência que costumamos ver como característica desse lugar, muito por causa do tráfico de drogas: o chefão, então, é imediatamente entendido como o chefe do tráfico. São expectativas fortalecidas pela imagem da capa, com casas muito próximas, uma sentinela no alto, empunhando uma arma, cores terrosas e letras manuscritas como as de um grafite. A linguagem é popular: "Quem manda lá no morro, irmão? É o popular e famoso 'Chefão'..." As imagens carregam o leitor morro acima, dando-lhe a prioridade na perspectiva, ou seja, como na primeira pessoa do discurso, vendo o que o narrador vê. Até a penúltima página dupla, o Chefão não é identificado na imagem, mas descrito ao longo do livro, como se comprova com este fragmento: "Domina o morro armado até os dentes, rodeado por seus soldados e parentes. O Bonde do Chefão: Magrinho, Perninha, Sultão, Bola e Pretinho. Teve uma vez que o Chefão foi parar no xadrez... Não ficou lá nem um mês.

Tem criança que acha o Chefão o máximo, mas os pais não gostam que brinquem com ele nem por um segundo" (Júnior, 2014: 7-12).

A descrição, as imagens de Abu que caracterizam a favela e seu ambiente, o imaginário acionado por essas representações sobre a vida no morro, tudo isso converge para criar tensão, até que, enfim, tomamos conhecimento do tal "Chefão": ao lado da imagem de um cão viralatas uivando, com o nome "Chefão" na coleira, lê-se: "É um Chefão que não tem raça... mas é um tipo cheio de graça" (Júnior, 2014: 22). A quebra da expectativa é também a ruptura com nossos preconceitos acerca da vida na favela. São eles que se juntam à descrição e às imagens para reforçar a expectativa negativa quanto à personalidade do ser descrito. É um jogo de imagens – materiais e mentais – que trazem nossos preconceitos à consciência e permitem identificar o imaginário que coletivamente construímos acerca da vida que nos rodeia.

A fusão da iconicidade poética com recursos discursivos patêmicos também pode ser observada no emblemático livro ilustrado *Flicts*, de Ziraldo (1999), um dos marcos da literatura para crianças no Brasil. A cor-personagem, que não tinha lugar neste mundo, aparece, na apresentação, em uma linha vertical apertada no canto da página, após páginas duplas inteiramente vermelhas, depois, amarelas, depois, azuis. Essa disposição espacial das cores é análoga à ocupação delas no mundo, então, em virtude da iconicidade, percebemos o lugar diminuto que coube a Flicts em relação às outras cores e sua pouca chance para se ajustar à sociedade. Com isso, inferimos seu sofrimento. A rejeição a Flicts é expressa de inúmeras maneiras. Por exemplo: ele pergunta às cores do semáforo se pode ser seu amigo. "Não", avisa o Vermelho; o Amarelo diz "Espera" e o Verde, "Vai embora". As respostas, correspondentes à simbologia dessas cores, não apresentam nenhum elemento patemizante propriamente, mas, ao relacionarmos as negativas à situação vivida pelo personagem, é possível inferir a rejeição e a dor de Flicts: "e mais uma vez sozinho o pobre Flicts se vai", até que resolve ir embora para a Lua.

Esses recursos favoráveis à poeticidade e à provocação de sentimentos, bastante presentes, em maior ou menor grau, nos contos ilustrados, estarão vinculados também às temáticas exploradas nas obras, em particular, naquelas que procuram problematizar questões relativas à socialização do indivíduo em um mundo que precisa ser mais amoroso.

A ÉTICA AMOROSA EM CONTOS ILUSTRADOS

Decidimos nos lançar na aventura de explorar a linguagem literária dos contos ilustrados não só pela intrigante complexidade de sua forma, mas, sobretudo, pela premência de analisar um bem cultural cuja destinação pode ser a criança, em início de modelação social, como já mencionamos. Essa escolha agasalha alguns pressupostos: o interesse pelos mecanismos poéticos e por temas "sociais", além da crença nas narrativas ficcionais como meio de mudança dos sistemas de pensamento a que todo grupo de pessoas está submisso.

A escritora María Teresa Andruetto (2012: 54) afirma:

> Nós, os leitores, vamos à ficção para tentar compreender, para conhecer algo mais acerca de nossas contradições, nossas misérias e nossas grandezas, ou seja, acerca do mais profundamente humano. É por essa razão, creio eu, que a narrativa de ficção continua existindo como produto da cultura, porque vem para nos dizer sobre nós de um modo que as ciências ou as estatísticas ainda não podem fazer.

A narrativa de ficção, segundo Andruetto, é capaz de "nos dizer sobre nós" mesmos; por ela somos levados à reflexão, a ver nossa imagem espelhada em uma história que não é nossa, mas poderia ser. Estamos em constante formação ou transformação, em um movimento contínuo na direção de nossa realidade. Com a leitura dos contos ilustrados ocorre o mesmo: por eles, podemos nos rever, rever nossas atitudes e pensamentos.

Nesse mesmo sentido, Nelly Novaes Coelho (2000: 29), pensando a literatura infantil, ensina que

> desde as origens, a literatura aparece ligada a essa função essencial: atuar sobre as mentes, nas quais se decidem as vontades ou as ações; e sobre os espíritos, nos quais se expandem as emoções, paixões,

desejos, sentimentos de toda ordem... No encontro com a literatura (ou com a arte em geral), os homens têm a oportunidade de ampliar, transformar ou enriquecer sua própria experiência de vida, em um grau de intensidade não igualada por nenhuma outra atividade.

Em relação ao livro infantil especificamente, Nelly explica que pode ser entendido como uma "mensagem" partilhada entre o autor adulto (que possui experiência do "real") e um leitor criança (que deve adquirir experiências). Havendo uma assimetria entre os interlocutores do livro para crianças quando são essas os leitores, o *ato de ler literatura* se transforma em um *ato de aprendizagem.*

Complementando essa ideia, vale recordar o comentário de Nancy Huston (2010: 29) acerca da capacidade que as histórias apresentam para moldar identidades, principalmente quando somos crianças.

> A identidade nos vem das histórias, das narrativas, das ficções diversas que nos são inculcadas ao longo da nossa primeira juventude. Acreditamos nelas, gostamos delas, nos agarramos a ela – ao passo que, evidentemente, se tivéssemos sido adotados ainda bebês no outro lado do mundo, tendo aprendido que somos australianos e não canadenses, protestantes e não judeus, de direita e não de esquerda etc., teríamos nos tornado pessoas diferentes.

Se o leitor ainda é uma criança, o mundo que se apresenta pelos livros, simbolicamente, mostra o jeito que seu grupo de pertença diz como ele *deve* ser. Nessa fase inicial como indivíduo desse grupo, ela está muito mais suscetível à absorção de comportamentos e de modos de pensar – ainda que, mais tarde, seja possível refutá-los.

Segundo os sociológicos Peter Berger e Thomas Luckmann (2014: 167-168),

> [...] o indivíduo não nasce membro da sociedade. Nasce com a predisposição para a sociabilidade e torna-se membro da sociedade. Por conseguinte, na vida de cada indivíduo existe uma sequência temporal no curso da qual é induzido a tomar parte na dialética da sociedade. O ponto inicial desse processo é a interiorização, a saber a apreensão ou interpretação imediata de um acontecimento objetivo como dotado de sentido [...]

A interiorização, portanto, constitui-se da compreensão de nossos semelhantes e da apreensão do mundo como realidade social que faz sentido. O indivíduo vai assumindo um mundo onde outros já vivem, que pode ou não ser "repensado". Depois de se tornar membro da sociedade, absorvendo tanto papéis e atitudes dos outros, quanto seu mundo, ele constrói sua identidade. A criança não é passiva no processo de socialização, mas os adultos estabelecem as regras do jogo, então, a interiorização de um mundo, para ela, não é uma opção entre outras: é o *seu* mundo, único existente e concebível. Por isso, o mundo interiorizado na infância, na época da socialização primária, torna-se mais arraigado em sua consciência do que qualquer outro interiorizado em socializações secundárias.

Nesse sentido, parece-nos possível concluir que, para o leitor criança, em início de socialização e de letramento, a experiência com a literatura infantil pode ser uma "entrada triunfal" na construção de sua identidade, em função de um espelhamento social que, aos poucos, o conforma como indivíduo. Ou não, caso o repertório a que terá acesso não seja de qualidade – no sentido da forma, da poeticidade e, evidentemente, no sentido ético, na absorção de valores e de normas sociais que todo cidadão precisa conhecer para viver em comunidade.

Defendemos aqui que viver em comunidade não significa apenas viver em um ajuntamento de pessoas, nem apenas sobreviver duramente; significa *viver bem*, com direitos e justiça social, sem hierarquias que permitam um grupo dominar o outro ou oprimi-lo. De volta a Boaventura de Sousa Santos (2020), não existe justiça social sem justiça cognitiva, então nosso trabalho deve ser o de investir em um sistema de pensamento favorável à diminuição da tremenda desigualdade entre as pessoas. Lutamos, nos termos de Boaventura, pela *decolonialidade*, isto é, pelo combate ao sistema de pensamento "ocidentalocêntrico", ao racismo, à misoginia, à LGBTQIA+fobia, à xenofobia e a tudo que possa segregar pessoas ou desqualificá-las como seres humanos.

Os três pontos em que Boaventura insiste para explicar a origem desse sistema desigual de pensamento são o *colonialismo*, que organizou o mundo, dividindo-o entre dominantes e dominados; o *patriarcalismo*, que, na nossa cultura, sempre favoreceu os homens e anulou as mulheres; e o *capitalismo*, que sempre "escolheu" as pessoas que consomem (exageradamente) e exploram, e as que não podem consumir (nem o básico) e são exploradas: seres humanos e "sub-humanos". É preciso mudar a maneira de pensar no mundo, na vida neste planeta, na convivência humana.

O problema maior parece ser trazer à consciência esse sistema de pensamento para refazê-lo, pois é ele que majoritariamente habita o senso comum e faz crer que as coisas são o que são "naturalmente", e não porque foram construídas na interação.

João Pissarra Esteves (2016: 67), sociólogo especialista em comunicação, explica:

> A realidade do senso comum (ou da vida quotidiana) assume um carácter prioritário face a qualquer outra, atendendo à necessidade da sua permanente evocação no quadro das relações sociais: impõe-se, assim, à consciência dos indivíduos com um forte sentido de urgência, de forma muito intensa e massiva. A sua apreensão acontece como transmissão cultural e tem como meio de difusão por excelência a linguagem; tudo isto lhe confere o estatuto de uma espécie de *a priori* do conhecimento: pré-existe ao sujeito (e constitui mesmo este de certo modo) enquanto um conjunto de verdades mais ou menos indiscutíveis a que os indivíduos em geral recorrem para apreender (ou dar sentido) a tudo aquilo que os rodeia.

Se o senso comum preside as relações sociais – e o faz por meio da linguagem – é por meio dessas relações "repensadas" que se pode "reformatá-lo". Nesse sentido, Berger e Luckmann explicam que, mesmo cristalizada a identidade no processo inicial de socialização, mais tarde, ela pode ser mantida, modificada ou remodelada pelas relações sociais. Se, para a criança, o mundo que se apresenta é, na fase inicial de socialização, *o* mundo, para o adulto, em um dos momentos de socialização secundária, é possível rever sua ideia a respeito dele, desde que aja criticamente.

A arte, em geral, é o meio mais propício para flagrar a inconsciência de nossos atos e "verdades". Assim, vemos o conto ilustrado, objeto de nosso interesse, como campo propício para a socialização ética, preocupada com a problematização do senso comum, das ideias preconcebidas e irrefletidas, a que nos acostumamos e simplesmente replicamos. Por isso, buscamos realizar uma *análise do discurso amoroso*, isto é, uma análise dos elementos textualizados que comunicam o "bem viver", com respeito e atenção aos outros.

Um exemplo que se mostra bastante adequado ao nosso propósito específico é o livro *Os invisíveis*, de Tino Freitas (2021), com ilustrações de Odilon Moraes, recentemente divulgado nas redes sociais pelo padre Júlio Lancelotti, famoso por seu trabalho junto às pessoas que vivem nas ruas de São Paulo. Padre Júlio promove uma campanha contra a aporofobia, ou seja, contra a aversão social ao pobre, ao miserável "descartado" pela sociedade. O livro, em certa medida, trata disso.

A narrativa fala de um menino anônimo que tinha superpoderes: era o único de sua família que enxergava os "invisíveis". A todo lugar que ia, somente ele via pessoas comuns, lixeiros, faxineiros, idosos, trabalhadores, moradores em situação de rua. Até que a vida passa e ele próprio, esquecido de que um dia havia tido superpoderes, se torna invisível para todos, menos para um menino que o vê.

A poética ilustração de Odilon Moraes mostra o menino usando uma capa, indicando o caráter de super-herói que ele assume. Já os "invisíveis" são figurados apenas com corpo, sem cabeça, isto é, sem rosto, sem identidade, como em geral são (não) vistas as pessoas "sem importância social" – inclusive as crianças, como o menino da história, que um dia se sentiu também invisível aos pais, mais preocupados com celulares e computadores. Paulo Freire (2018: 58) explica: "Inauguram o desamor não os desamados, mas os que não amam, porque apenas *se* amam".

Enxergar o outro é mesmo tarefa para poucos e demonstra um entendimento da coletividade, do cuidado com o todo. Esse é um tema para todas as idades e pessoas que se sentem invisíveis, ou que se deparam não vendo os outros, mais preocupadas consigo mesmas. É um tema perpassado pela ética amorosa, como defende bell hooks em *Tudo sobre o amor* (2020: 130):

> Abraçar uma ética amorosa significa utilizar todas as dimensões do amor – "cuidado, compromisso, confiança, responsabilidade, respeito e conhecimento" – em nosso cotidiano. Só podemos fazer isso de modo bem-sucedido ao cultivar a consciência. Estar consciente permite que examinemos nossas ações criticamente para ver o que é necessário para que possamos dar carinho, ser responsáveis, demonstrar respeito e manifestar disposição de aprender.

A ética amorosa nos contos ilustrados pode ser representada de muitas maneiras, mesmo sem tomar a centralidade das histórias, mas sendo expressa discursivamente, isto é, sendo materializada em narrativas prototípicas e não prototípicas por meio de mecanismos poéticos e patêmicos, "dando consciência" de nossa humanidade. Nem todo conto ilustrado apresenta marcas de um discurso amoroso, nos termos aqui definidos, claro, mas estamos privilegiando alguns títulos propensos a evidenciá-lo.

Na textualidade, são *programados efeitos de sentido* específicos de acordo com *visadas discursivas* ligadas à intencionalidade do texto. São elas que permitem *fazer saber* uma história, um acontecimento, um fato, de uma determinada maneira; *fazer sentir* emoções, decorrentes dessa história e de seu modo de apresentar as ações, e *fazer crer* em ideias, expostas à reflexão por meio da narrativa, com base nas conclusões a que o leitor chega quando interpreta o texto.

Em *Os invisíveis*, os autores *fazem* o leitor *saber* quem era o menino com superpoderes que conseguia enxergar os invisíveis, mas, com o passar do tempo, ele perde os poderes e termina, idoso, como mais um invisível para a sociedade. Para isso, Tino Freitas e Odilon Moraes tramam uma narrativa com personagens, ações, passagem do tempo, ambientes. A representação dos invisíveis é realizada pelas imagens de pessoas "descartadas", "sem importância", reconhecidas por suas atividades e indumentárias, com um corpo "do povo", indicando sua condição social, ou como a sociedade as recobre de estereótipos; mas justamente seu rosto, sua identidade, é "apagado".

A metafórica invisibilidade das pessoas provoca uma reação emocional, ou melhor, é propícia para *fazer sentir*, seja por causa da interpretação ao mesmo tempo intelectiva e sensível da "falta de rosto" das pessoas, indicando sua condição de "quase inexistência", desprivilegiada socialmente, seja por causa de um espelhamento do leitor nas personagens, invisíveis ou invisibilizadas também por ele. Para *fazer sentir*, então, os autores lançaram mão de mecanismos poéticos e patêmicos, fazendo com que palavra e imagem, juntas, possam expressar a "invisibilidade" social e as emoções que a envolvem, ou as que envolvem nossa omissão.

A narrativa também consegue *fazer crer* na medida em que leva o leitor a concluir, com base em suas inferências em relação às situações corriqueiras concretizadas nas imagens, a "mensagem" do texto acerca da nossa incapacidade de olhar o outro. Ao se projetar nas cenas narradas, o leitor toma aquelas ações como suas e se vê na condição das personagens, sendo levado a uma movimentação interior a respeito do tema. A história, porém, não impõe uma opinião única, não é, nesse sentido, "moralizante", mas conscientizadora, pois *problematiza* uma questão social com a qual todos nós nos deparamos – como vítimas, ou como algozes.

Ainda segundo hooks (2020a: 41), "[...] é especialmente difícil falar de amor quando o que temos a dizer chama a atenção para o fato de que sua falta é mais comum que sua presença, para o fato de que muitos de nós não temos certeza do que estamos dizendo quando falamos de amor ou de como expressá-lo". Há premência de se falar de amor, de amar, por isso colocamos em relevo o *discurso amoroso* como aquele que, por um lado, concretiza, em textos, atitudes irrefletidas, estereótipos, preconceitos que pesam na sociedade, quase sempre fomentando sofrimento e injustiça, para questioná-los, e, por outro, como aquele que valoriza a convivência respeitosa, empática, amorosa, que busca combater as opressões sociais nas mais variadas esferas.

DISCURSO AMOROSO E QUESTÕES SOCIAIS

Podemos afirmar que o discurso amoroso está alinhado com a luta de Boaventura Santos (2020: 53) contra o império cognitivo imposto pelo capitalismo, pelo patriarcado e pela colonização: "A sociologia das emergências implica a valorização simbólica, analítica e política de formas de ser e de saberes que a sociologia das ausências revela estarem presentes no outro lado da linha abissal". Depois que a "sociologia das ausências" denuncia as exclusões sociais perpetradas por um sistema de pensamento baseado na opressão, a "sociologia das emergências" busca transformar a condição de vítima, a que se submetem as pessoas excluídas, em luta, promovendo a ressignificação de sua existência.

O conto *Os invisíveis* se vincula à "sociologia das ausências", denunciando a exclusão social e nossa incapacidade para resolvê-la. Já o premiadíssimo *Menina bonita do laço de fita*, de Ana Maria Machado (2011), cuja primeira edição é de 1996, quando ainda não havia, no Brasil, uma luta contra o racismo tão consistente quanto à atual, revela-se um bom exemplo de conto ilustrado que se afina com a "sociologia das emergências". Enquanto afirma a beleza negra e a igualdade a que as pessoas negras têm direito, nega a "desvalia" a que foram acostumadas, como explica Paulo Freire (2018: 69): "A autodesvalia é outra característica dos oprimidos. Resulta da introjeção que fazem eles da visão que deles têm os opressores".

Na história, um coelho branco admirava a beleza de uma menina negra, a ponto de desejar ter uma filha parecida com ela. O leitor é levado pelo narrador a olhar essa menina tal qual o coelho:

> Era uma vez uma menina linda, linda.
> Os olhos dela pareciam duas azeitonas pretas, daquelas bem brilhantes.
> Os cabelos eram enroladinhos e bem negros, feito fiapos da noite.
> A pele era escura e lustrosa, que nem pelo da pantera-negra quando pula na chuva.
> Ainda por cima, a mãe gostava de fazer trancinhas no cabelo dela e enfeitar com laço de fita colorida. Ela ficava parecendo uma princesa das Terras de África, ou uma fada do Reino do Luar. (Machado, 2011: 4-5)

Na ilustração, uma menina alegre brinca, faz balé, lê deitada em uma rede, desenha, enfim, representa uma criança comum, na sua vida de criança, que pode se parecer com princesas e fadas, desconstruindo o estereótipo que "invalida" meninas negras para muitos papéis sociais. Trazendo a negritude ao protagonismo, Ana Maria Machado não só dá visibilidade a uma parcela de crianças que não são (ou não eram) comumente representadas nas histórias, como também oferece ao leitor a ruptura de um preconceito em relação à beleza negra e à condição de vida das pessoas negras em nosso país. Essa é uma maneira de valorizar um grupo historicamente oprimido e de estimular a resistência a esse estado de coisas.

Entretanto, nem sempre o tema do conto já se volta para uma questão como a do racismo, mas a materialidade do texto pode combatê-lo sutilmente. Em *A cinderela das bonecas*, de Ruth Rocha, com ilustrações de Mariana Massarani (2011), conta-se a história de Vovó Neném, que vivia cercada de crianças, que aceita a ideia das meninas do bairro de fazer uma festa em sua casa, com direito a um concurso de bonecas. Vovó Neném, porém, precisa acudir Mariana, cuja boneca se encontrava em péssimo estado.

Dentre as personagens crianças, há algumas negras, inclusive o Beto, amigo de Mariana, que ajuda a Vovó, consertando o carrinho de bonecas da menina. Desse modo, ainda que não fosse uma narrativa centrada em um questionamento social, as representações imagéticas atuam positivamente para representatividade do negro, tantas vezes invisibilizado e silenciado nos bens culturais que circulam em nosso meio, ou estereotipado pejorativamente.

O discurso amoroso, então, se materializa na linguagem, como todo discurso, mas com a especificidade de trazer como pressuposto o amor, ou o *amar*, no sentido de uma ética baseada na igualdade entre as pessoas mais diversas. É preciso falar de uma vida sustentada por relações de respeito mútuo, de aceitação do que é diferente, como "verdade" social.

Charaudeau (2019: 21), ao tratar dos *saberes de crença*, explica que, quando tomamos como nossa a opinião que é do grupo social ao qual pertencemos, naturalizamos os estereótipos.

> Os saberes de crença não têm a ver com o conhecimento de mundo mas com avaliações, apreciações, julgamentos a respeito dos fenômenos. Estes saberes procedem do olhar que o sujeito tem a respeito do fundamento dos acontecimentos e das ações humanas; eles se encontram, pois, na subjetividade do sujeito. Não se trata mais da enunciação de um "isto é verdade" mas de uma "verdade", um saber interiorizado que, ao mesmo tempo, se apresenta como compartilhado, socializado. Se o saber de conhecimento é verificável, o saber de crença não é. Ele é somente comum. O saber de crença incide sobre um valor que implica uma tomada de posição da parte do sujeito. Trata-se, aqui, do domínio da *doxa*, e da ordem do experienciado. Dentro dessa ordem, se fará distinção entre saberes de opinião e saberes ideologizados. Os primeiros são relativos aos julgamentos que os indivíduos fazem sobre as coisas, os acontecimentos, os seres, que, por vezes, se configuram em estereótipos. Os segundos representam um conjunto de ideias políticas, morais, religiosas, organizadas em sistemas de pensamentos considerados como detendo um poder explicativo, total e englobante, sobre o mundo e a atividade social, que, muitas vezes, se configuram como doutrina.

Em outras palavras, nos acostumamos a avaliar dados da realidade de acordo com o que é coletivamente aceitável e com o que constitui os *saberes de crença*, sejam eles ligados aos julgamentos, sejam ligados às ideias, aos sistemas de pensamento que explicam o mundo e a sociedade. Porém, se é a linguagem que "dá corpo" a saberes interiorizados, de difícil verificação, é também ela que mostra seus rastros e incide sobre a mudança nas "tomadas de posição" dos indivíduos. Mostrar uma menina negra como protagonista de uma história e ainda descrevê-la positivamente é um modo de influenciar as "verdades" de uma dada comunidade predominantemente racista, alterando seus saberes de crença. "Escancarar" a invisibilidade social dos marginalizados também. Enfim, ao nos espelharmos nas narrativas, podemos também estar nos espelhando em um imaginário coletivo modificado e mais plural.

ESTEREÓTIPOS, PRECONCEITOS E RESISTÊNCIA

Os estereótipos talvez sejam o resultado mais contundente da ação dos saberes de crença na construção das identidades. Eles povoam o senso comum e "facilitam" categorizações acerca do outro, principalmente daquele que é diferente de nós, mas, por outro lado, também podem marcar negativamente aquele que é referido por meio dele. Também são os estereótipos que ajudam a moldar personalidades, às vezes, de maneira bastante coercitiva, por exemplo, quanto aos padrões de beleza de uma sociedade e ao que é considerado prestigioso.

A identidade de um sujeito será sempre simultaneamente individual e coletiva, pois o que cada um se torna está sempre em relação com aquilo que seu grupo de pertença valoriza. Charaudeau (2015: 15) explica que

> mesmo que não queiramos nos ver como indivíduos dependentes do grupo, é pelo olhar dos outros que somos marcados, etiquetados, categorizados: nossas vestimentas, nossa maquiagem, nosso penteado, nossa linguagem, nosso andar, e mesmo o que nos é mais inerente, como o sexo e a idade, tudo isso atesta nosso pertencimento a uma categoria de indivíduos, o que permite aos outros classificar-nos nesta ou naquela categoria.

Ou seja: escolhemos ser o que somos de acordo com a alteridade, com o que pensamos que o outro acha de nós: "Não sabemos exatamente qual é a parte de nossa singularidade, de nosso pertencimento ao grupo e do efeito do olhar dos outros sobre nós" – afirma ainda Charaudeau. Ajustamos nossa maneira de ser nos moldes sociais, a fim de sermos aceitos, de pertencermos ao grupo – ou não. Extrapolar modelos sempre exige coragem de resistir contra ideias cristalizadas.

A alteridade é fundamental na percepção da identidade, pois só sabemos o que somos porque entendemos que não somos o outro, o diferente de nós. A diferença, contudo, pode provocar tanto um movimento de atração, de apreensão do "outro", quanto de rejeição, de julgamento negativo a respeito daquele que tem outros valores, normas, hábitos, modelos. É como se o que é diferente ameaçasse nossa identidade. Quando esse julgamento negativo se torna generalizado, surgem os estereótipos e os preconceitos.

A noção de estereótipo em si não implica um julgamento negativo, mas uma caracterização "simplificada" de um ser, de uma categoria; é uma construção elaborada a partir de representações e crenças (muitas vezes equivocadas) que são partilhadas recorrentemente até que se solidifiquem. O estereótipo pode ser entendido como um esquema ou uma fórmula cristalizada que define alguém ou um grupo. Por exemplo, para um estrangeiro, a ideia do que é ser brasileiro é a de uma pessoa que ama futebol, carnaval, samba e cerveja. Embora muitos de nós gostemos disso tudo, essa ideia não corresponde à totalidade das pessoas que nascem aqui, talvez nem mesmo a maioria, supomos. É, portanto, um julgamento não crítico, mas, ainda assim, não necessariamente negativo.

Há estereótipos, porém, bastante negativos, por exemplo, quando perguntamos qual é a ideia que temos de um político nos dias atuais. Com certeza, será a de alguém sem escrúpulos, corrupto, mentiroso. Sabemos que há políticos sérios, mas julgamos coletivamente essa categoria da forma mais negativa, de maneira redutora, sem pensarmos em cada vereador, deputado, separadamente, por causa de características marcantes em muitos dos pertencentes a essa categoria de pessoas. Outro estereótipo altamente pejorativo é o da mulher que dirige carros, ônibus, pilota aviões. Por ser tomada como um ser inferior, "apropriado" para a esfera doméstica e para a dependência ao homem, admitir uma mulher como motorista de ônibus, por exemplo, é ainda um problema para muitas pessoas – pilotar avião, então, quase inadmissível para muitos. Ruth Amossy e Anne Herschberg (2022) explicam que os "estereótipos desvalorizantes" costumam ser concebidos em meio a tensões sociais. E são eles que alimentam muitos dos nossos preconceitos.

As linguistas citam uma pesquisa cujo resultado mostrava o preconceito "racial" como um conjunto de estereótipos relacionados a reações emocionais que compreendiam a crença em traços típicos (provavelmente negativos) associados a uma raça – trata-se, portanto, de um estereótipo discriminatório. Em uma sociedade tão desigual quanto a nossa, o pertencimento social é negado a muitos, quando não se encaixam no perfil considerado de prestígio. Basta observarmos a organização de nossa sociedade: quase sempre, toma-se o homem heterossexual branco "burguês" como topo da escala hierárquica; já a mulher negra "favelada" e todas as pessoas não heterossexuais, como o nível mais inferior. Nessa "tensão social", o homem é estereotipado positivamente e a mulher, negativamente. É comum, então, considerarmos o estereótipo em relação à mulher, por ser negativo, do que aquele ligado ao homem, por ser positivo. Pessoas estereotipadas negativamente em função de crenças partilhadas de forma irrefletida, acrítica, sofrem preconceito e são colocadas em um lugar de inferioridade que, muitas vezes, pensam, elas mesmas, ser merecido.

Assim como o estereótipo, o preconceito está quase sempre ligado a uma apreciação negativa, embora, como qualquer ideia preconcebida, possa apenas simplificar a referência à realidade. Apresenta-se como, por exemplo, frases prontas, como "mulher ao volante, perigo constante", usadas para dizer, pensar ("sem pensar", na verdade), prescritas pelo discurso social. A crítica ao preconceito, de certa maneira, expressa uma rejeição a esse tipo de norma coletiva e/ou ao discurso do que "se diz".

Além das *ideias preconcebidas*, dos *preconceitos* e dos *estereótipos*, outra noção relativa ao "senso comum", que facilita não só a cognição, mas também a interação dos indivíduos de um grupo, é a de *representação social*, postulada por Serge Moscovici (2015). Proveniente da tradição, da educação e da comunicação, a *representação social* modela o conhecimento do indivíduo sobre o mundo, assim como seu comportamento na interação com os outros, servindo como fator de unidade grupal. É uma noção, em grande medida, equivalente à de estereótipo, mas, em geral, dissociada do julgamento negativo, embora saibamos que pode estar atrelada a isso. É ela que não só identifica elementos e temas, mas, sobretudo, revela *o que* e *quanto* eles "representam", "são significativos" para um grupo social. Falamos na representação social da mulher, do homem, do negro, do branco, do heterossexual, do homossexual, da brasilidade, do migrante, do pobre, do rico, do eleitor de esquerda, de direita, enfim, de componentes da realidade avaliados pela coletividade, em um julgamento realizado pelo senso comum e disseminado acriticamente.

Segundo Charaudeau (2015), as representações sociais evidenciam os imaginários coletivos produzidos pelos indivíduos que vivem em sociedade e os valores partilhados por eles, constituindo, assim, sua memória identitária. Em outras palavras, a sociabilização de cada pessoa depende do conhecimento partilhado e revestido da avaliação coletiva de seu grupo de pertença, porém, muitas vezes, uma visão simplificada e potencialmente preconceituosa quando diz respeito, sobretudo, ao diferente, ou "fora de padrão", torna-se fator de discriminação.

Vejamos o livro ilustrado *Este não é um livro de princesas*, de Blandina Franco, com ilustrações de José Carlos Lollo (2014b). A negação da representação social da mulher é a tônica. Todo o livro apresenta um *design* poético, tendo sua parcela verbal delicadamente bordada à mão em um tecido "cru", emoldurada lindamente com pontos diversos, como se estivesse em um bastidor e, depois, fotografada. Nas páginas à esquerda, inclusive na primeira página de guarda, aparece o verso do bordado da página anterior, com seus arremates. Não há figuração de personagens: somente o bordado que, em nosso imaginário, pode ser tomado como a representação da feminilidade.

Diz um trecho da parcela verbal do texto: "Este não é um livro de princesas. Nem um livro para princesas. Nem um livro escrito por uma princesa. Muito menos um livro ilustrado por uma princesa. Este é um livro que não começa com 'era uma vez'" (Franco, 2014b: 1-10). A princesa, em nossa sociedade, equivale à representação da mulher, basicamente qualificada como branca, magra, de beleza "europeia", delicada, comedida, frágil, presa ao ambiente doméstico, preparada para o amor romântico e para a dependência do homem. Essa é uma ideia simplificada de ser mulher, altamente valorizada, que é tomada como única, sendo alçada a modelo social. A mulher que não se encaixa nesse padrão torna-se "diferente", "desviada" do ideal e, assim, é rotulada, estereotipada como feia, incapaz, "mulher macho", infeliz e outros "atributos" negativos. Uma história de princesa é constituída, em função disso, quase sempre, com ingredientes como um príncipe lindo (também branco e com a heterossexualidade bem marcada), heroico, e um casamento como final "feliz". Criam-se expectativas quando se usam essas representações. Esse livro, entretanto, diz assim:

> Aqui não importa se as princesas são loiras, morenas ou ruivas.
> Nem se são altas, baixas, magras ou gordas.
> Não importa se elas bordam ou brincam pelos corredores de seus castelos.
> Nada disso é importante neste livro
> porque este não é um livro de princesas.
> Neste livro, naquela casa logo ali virando a esquina, um dia desses, antes do amanhecer, uma menina de cabelos desgrenhados e que não gosta muito de tomar banho estava debruçada na janela de seu quarto, sonhando com sua vida. E ela viveu feliz para sempre! (Franco, 2014b: 22-34)

No livro, o senso comum é desconstruído, evidenciando as ideias preconcebidas que partilhamos como "naturais", mas que são urdidas coletivamente. As negações ("Este não é um livro de princesas"; "Este é um livro que não começa com 'era uma vez'") refutam representações bastante difundidas e arraigadas no nosso imaginário. Tanto a ideia que temos a respeito das princesas e de como "ser mulher" quanto a que temos acerca de uma narrativa "apropriada" para ela são anuladas em favor de uma concepção nova, que coloca o protagonismo (da história e da vida) em uma menina "fora do padrão", "de cabelos desgrenhados e que não gosta muito de tomar banho"; fisicamente diversa do modelo de beleza esperado, libertando as meninas ao mostrar que podem sonhar o que quiserem, desobedecendo a um padrão quase impossível para a maioria, e serem totalmente felizes para sempre. Para os adultos, resta a oportunidade de retomar suas ideias preconcebidas, seus preconceitos e repensar seu modo de ver o mundo.

Um livro como esse, elaborado poeticamente, ao usar como espelho as representações de nosso imaginário e permitir, com nossa projeção na história, a percepção de nossas "frágeis certezas", se imbui do intuito de provocar reflexão. É, portanto, um livro de resistência a valores consolidados, mas que prejudicam tanta gente por causa da discriminação do "diferente". O discurso amoroso encontra nele a expressão de um pensamento diverso, crítico, que pode ser difundido e se tornar opção para muitos.

As representações sociais servem de base, inclusive, à hierarquização da sociedade, que depende de relações de poder adquirido com base nelas: "quem pode manda, quem não pode obedece" e se limita a uma inferioridade instituída por quem se coloca como superior. Ter consciência de que uma avaliação coletiva pode ser excludente é a essência da visão crítica, que percebe as representações como *construção* realizada por um grupo social, e não como dado *natural*, intrínseco ao ser, que "é porque é" e parece não poder ser alterado, nem julgado de outro modo. Sabendo, entretanto, que essas representações são criadas grupalmente e difundidas na interação social, entendemos que também por isso podem ser reformuladas com base na criticidade e na ética do amor. E é disso que tratamos aqui.

Há muito mais a dizer sobre representações e resistência a preconceitos, como veremos no próximo capítulo. Por ora, esse exemplo permite mostrar como a ética do amor pode ser discursivamente tratada nos contos ilustrados e levada à sociedade sem imposição, mas como reflexão acerca de nossas "verdades" jamais imutáveis.

Quem conta um conto acrescenta um ponto... de vista

> *O leitor que, num primeiro tempo,
> deixa a realidade para o universo fictício,
> num segundo tempo volta ao real, nutrido da ficção.*
>
> Vincent Jouve
> (*A leitura*)

Contamos histórias para conhecermos o outro e a nós mesmos. Ponto pacífico. Narrativas que também podem ter como público-alvo as crianças entram no rol de bens culturais difusores de ideias e de comportamentos, além de estimularem a sensibilidade estética e crítica. Outro ponto pacífico. Apresentar temas de difícil trato, ou mesmo considerados tabus, como sexismo, violência sexual, racismo, diversidade de gêneros, não é ponto pacífico, mas controverso e, talvez por isso, o termo "temas fraturantes" (Ramos, 2011a) seja de fato bastante adequado. O discurso amoroso não se apresenta unicamente em contos ilustrados cujo tema seja fraturante, entretanto, não podemos deixar de lado uma gama de títulos contemporâneos que colocam no centro da discussão questões muito caras à humanização. Neste capítulo, portanto, a seleção de títulos estará voltada para três grupos de temas fraturantes: a representação social da mulher, o antirracismo e a diversidade de gêneros.

Citando mais uma vez Vincent Jouve, leitura – especialmente a literária – pode ser vista como uma atividade de muitas facetas, pois engloba vários processos: o *neurofisiológico*, o *cognitivo*, o *afetivo*, o *argumentativo* e o *simbólico*. Isso envolve, em primeiro lugar, a capacidade física mesma do indivíduo, ligada, sobretudo, à visão e às funções do cérebro e que, em outro nível, permite ao leitor perceber e decifrar os signos, além de compreender o que dizem graças à sua capacidade cognitiva. Principalmente por se tratar de leitura literária, Jouve também salienta o processo afetivo envolvido, porque os textos desse domínio discursivo são caracteristicamente carregados de uma intencionalidade voltada para a produção de sentimentos. Para nosso propósito neste momento, porém, vamos nos concentrar nos processos *argumentativo* e *simbólico* que constituem a leitura literária. Diz Jouve (2002: 21): "O texto, como resultado de uma vontade criadora, conjunto organizado de elementos, é sempre analisável, mesmo no caso das narrativas em terceira pessoa, como 'discurso', engajamento do autor perante o mundo e os seres. [...] A intenção de convencer está, de um modo ou de outro, presente em toda a narrativa".

É preciso explicar que, com "discurso", Jouve está, nesse caso, referindo-se ao par *discurso* x *história* proposto pela Teoria da Enunciação, como a de Émile Benveniste: o *discurso*, nessa perspectiva, estaria para um plano enunciativo de engajamento, em que o enunciador se coloca de forma evidente no texto, usando recursos como pronomes de primeira pessoa e segunda pessoa, marcando a interação do sujeito com um ouvinte ou um leitor, deixando clara a intenção de expressar seu ponto de vista acerca de um tema e influenciar o outro. Já a *história*, como relato de eventos passados, sem envolvimento do leitor, deixa parecer que os fatos se narram sozinhos. Por isso, Jouve coloca aspas em "discurso", pois apenas de modo indireto a narração (*história*) pode expor um ponto de vista. Dito de outra maneira, trata-se, como já vimos, da *dimensão argumentativa* das narrativas literárias, conforme Ruth Amossy (2018) explica. A narração leva o leitor, mais ou menos nitidamente, a uma determinada conclusão, ou o faz desviar-se dela, como ratifica Jouve, embora não o faça de maneira *impositiva*, mas *sugestiva*. Deixar implícito um posicionamento é, portanto, uma prerrogativa de quem conta um conto... e acrescenta um ponto *de vista*. Décio Pignatari (1995: 79) também reforça esse aspecto:

> Na prosa de ficção, aparentemente, a palavra leva e se deixa levar; só que, à beira da conclusão, deixa o leitor na mão. A conclusão é o livro inteiro. Onde só parecia haver enunciado, só há enunciação: o signo verbal que parecia vidro transparente para a visão plena de um objeto ou referente externo se transforma em espelho, ou em régua, que, para medir o espaço, tem de acompanhá-lo. O que é diferente de uma tabuada. A prosa de ficção é contra a "maldita mania de querer concluir", no dizer de Flaubert, ao mesmo tempo que, sedutora, parece oferecer todos os atrativos das conclusões, ou de uma conclusão. Que é quando o leitor habitual pergunta: Que é que o autor quis dizer com isso?...

"Deixar o leitor na mão", nesse caso, diz respeito justamente à *sugestão*, contrária à *imposição* própria dos textos explicitamente argumentativos, pois a narrativa "se transforma em espelho, ou em régua", seduzindo o leitor a acompanhá-la para, ao término da história, ele se perguntar acerca da opinião expressa no texto. Em outras palavras: a "conclusão é o livro inteiro" porque será preciso considerar todos os aspectos da narrativa para inferir uma provável tese defendida pelo autor, para então concordar com ela ou refutá-la.

Percebemos como uma tese pode estar implícita em uma narrativa com o livro *O perna-de-pau*, de Felipe Campos (2016). Com um menino protagonista que narra sua experiência em um parque de diversões, instaura-se um clima de medo a partir do momento em que um perna de pau aparece para o garoto, que havia se perdido da família. O fundo preto das ilustrações salienta o espaço ocupado pelo assustador perna de pau, figurado parcialmente fora do enquadramento da página, estando visíveis apenas as longas pernas; em contraste, o fundo ocupado pelo menino é branco e ele, relativamente pequeníssimo diante do perna de pau. O fato de o leitor só enxergar as pernas do perna de pau aumenta a tensão do texto, pois, por não ter sido mostrado o rosto, a imaginação daquele que interpreta é aguçada, podendo atribuir as piores feições a ele em função do medo.

À medida que o perna de pau se aproxima, o fundo preto vai aos poucos ocupando todo o espaço da página dupla, revelando, metaforicamente, como o garoto estava se sentindo acuado. O perna de pau então oferece balas, ursinho de pelúcia, uma visita à bailarina, ao elefante verde e ao índio americano atirador de facas. O garoto recusa tudo.

Figura 9 – O menino acuado: "Ele estava perto demais. Eu sentia muito medo."

Fonte: *O perna-de-pau*, de Felipe Campos (Duna Dueto, 2016: 20-21).

No ápice da narrativa, o menino escapa do cerco e aparece em close, dizendo: "Alguém segurou o meu braço. Seria o perna de pau?" (Campos, 2016: 27). Mas era o pai dele que, enfim, o havia encontrado. Depois disso, o perna de pau vai sendo figurado em um enquadramento cada vez menor, com margens sempre maiores, mostrando, mais uma vez metaforicamente, seu distanciamento e a dissipação do medo que o menino havia sentido.

A narrativa, em si, pode ser interpretada simplesmente como uma história de medo (até de terror), que faz o leitor acompanhar as emoções vividas naquela experiência pelo menino. De certo modo, é mostrado um perigo e o medo que surge na criança em uma situação como essa, distante da proteção dos pais e diante de um provável algoz. Sutilmente, pode-se transpor a ideia geral de perigo e, por causa das ofertas feitas pelo perna de pau e o cerco que acua o garoto, pensar em um assédio que poderia resultar em violência sexual. Nada disso é dito, mas a experiência terrível ali representada deixa uma abertura plurissignificativa para a identificação do leitor, seja como criança que se perde, seja como criança que se vê na condição de vítima de um pedófilo. É uma história que se "encaixa" nas duas "conclusões". A argumentação implícita estaria ligada à apresentação de uma prova contundente e cheia de emoção: a história do menino sozinho na multidão que é assediado por um adulto, fazendo com que se pense: "não quero viver isso, nem quero ver um menino vivendo um perigo como esse. É melhor que os responsáveis estejam sempre atentos e as crianças, sempre cuidadosas para estarem sob sua proteção." A "tese" apresentada traz o ponto de vista do autor sobre uma situação de medo vivida por uma criança. A ideia de que é preciso ter cuidado vem como consequência da leitura, como resultado do processo *argumentativo* acionado na interpretação das ações dos personagens. É sugerida; não é imposta.

Por fim, a atividade de leitura também abriga um processo *simbólico* que, segundo Jouve (2002), está ligado ao sentido que se tira da história de acordo com o contexto cultural do leitor e os esquemas dominantes com os quais interage. Exatamente por isso, afirma ele, a leitura pode transformar mentalidades. A *dimensão simbólica* age nos modelos do imaginário coletivo, quer o leitor os aceite, quer os recuse, e está profundamente ligada à *dimensão argumentativa* do texto.

Esse é outro ponto que muito nos interessa, pois procuramos verificar, nos contos ilustrados, quais são os modelos dos imaginários evocados nas histórias e quais são aqueles "subvertidos" a partir de uma sobreposição aos consolidados. No caso de *O perna-de-pau*, por exemplo, toca-se no imaginário sobre assédio quando se realiza uma interpretação vinculada ao contexto da pedofilia, relacionando o fato narrado a tantas situações noticiadas frequentemente. Nem todos os leitores alcançarão esse sentido, mas o texto é aberto suficientemente para que se chegue a ele, desde que considerada a realidade circundante e o que se pensa dela: a ação do perna de pau se assemelha a de um pedófilo por causa do imaginário sobre assédio potencialmente acionado e é coletivamente julgada como terrível. É um tema difícil, mas necessário, que talvez sirva de oportunidade para o leitor que já tenha vivido situação semelhante se identificar e se expressar, ou para o leitor que não tenha vivido algo assim se precaver.

Com o objetivo de flagrar o processo *argumentativo* e o *simbólico* dos contos ilustrados, dividiremos as análises propostas de acordo com os seguintes temas fraturantes selecionados, como já dissemos: a representação social da mulher, o antirracismo e a diversidade de gêneros. Procuraremos mostrar obras centradas em questionamentos, que, em alguma medida, ora expõem "fraturas" sociais de relevo, ora problematizam preconceitos vistos, muitas vezes, como verdades imutáveis. Há muitas outras temáticas igualmente importantes, mas, devido às limitações impostas a este texto, privilegiamos algumas presentes no mercado literário brasileiro e discutidas por nós anteriormente.

A REPRESENTAÇÃO SOCIAL DA MULHER

O título do famoso livro do sociólogo Pierre Bourdieu, *A dominação masculina: a condição feminina e a violência simbólica* (2017), aponta para aspectos relevantes e imbricados no que concerne ao nosso foco neste momento: a *condição feminina* diante da *dominação masculina* está envolta em uma *violência simbólica* bastante cruel. Em outras palavras, nos concentraremos agora na problematização da representação social da mulher no mundo e, especialmente, expressa em contos ilustrados.

Parece pertinente ressaltar que o livro de Bourdieu teve sua primeira edição, na França, em 1998 e, no Brasil, no ano seguinte, pela Bertrand Brasil. Embora já seja lido e discutido há mais de vinte anos e, claro, já possa ter, durante esse tempo, algumas de suas ideias exploradas sob outras óticas (sobretudo por parte de *pensadoras*), o foco na dominação masculina ainda é novidade em nossa sociedade para grande parcela de indivíduos – não porque nunca tenham ouvido falar a respeito, mas porque, em geral, as pessoas não percebam essa dominação como um sinal de condição injustamente imposta à mulher, presente nas mais variadas ações do cotidiano.

Segundo Bourdieu, a dominação masculina pode ser vista como o exemplo por excelência do resultado da violência simbólica, "violência suave, insensível, invisível a suas próprias vítimas, que se exerce essencialmente pelas vias puramente simbólicas da comunicação e do conhecimento, ou, mais precisamente, do desconhecimento, do reconhecimento ou, em última instância, do sentimento" (2017: 11-12).

A dominação masculina, por seu caráter ordinário, serve como exemplo da lógica de todo tipo de dominação, exercida sempre em nome de um *princípio simbólico* conhecido e reconhecido por dominantes e dominados, seja em relação ao uso de uma língua, a um estilo de vida, seja em relação ao estigma atribuído à cor da pele. Para entender como atua esse princípio simbólico, de acordo com Bourdieu, é necessário problematizar o senso comum com base nos processos de transformação da *história* em *natureza*, do *arbitrário cultural* em *natural*. Em outras palavras, significa tomar como indiscutíveis, por parecerem "naturais", ideias que são, na verdade, socialmente construídas e, portanto, passíveis de desconstrução e reconstrução, como é todo imaginário relativo ao sexismo, por exemplo, que atribui atividades "diferenciadas" aos homens e às mulheres como obrigatórias em relação à "ordem das coisas". Como sabemos, o sistema de pensamento vigente é essencialmente patriarcal; a ordem social ratifica a dominação masculina sobre as mulheres. A visão androcêntrica, continuamente legitimada, colabora para a incorporação do preconceito desfavorável ao feminino – inclusive por parte das mulheres, como corrobora bell hooks (2019: 79):

> As mulheres são o grupo mais vitimado pela opressão sexista. Tal como outras formas de opressão de grupo, o sexismo é perpetuado por estruturas sociais e institucionais; por indivíduos que dominam, exploram ou oprimem; e pelas próprias vítimas, educadas socialmente para agir em cumplicidade com o *status quo*.

Ainda segundo hooks, combater a opressão sexista é primordial não só porque é a prática de dominação que a maioria das pessoas experimenta já no âmbito familiar, seja na posição de dominador, seja na de dominado, mas, sobretudo, porque o sexismo é a base de todas as outras opressões, mesmo aquelas vivenciadas, provavelmente, mais tarde, fora de casa, como o racismo e a opressão de classe. Em parte por isso, hooks (2021) defende a educação feminista como algo importante na vida de todo mundo e, indo ao encontro de nossa opinião, inclui a literatura infantil como espaço para o combate aos preconceitos.

> Quando o movimento feminista contemporâneo estava em seu ápice, tendências sexistas em livros infantis eram criticadas. Escreviam-se livros "para crianças livres". Quando deixamos de ser críticos e atentos, o sexismo voltou a aparecer. A literatura infantil é um dos locais cruciais para a educação feminista, para a conscientização crítica, exatamente porque crenças e identidades estão sendo formadas. E, com muita frequência, os pensamentos retrógrados sobre gênero continuam sendo a norma nos parquinhos. A educação pública para crianças precisa ser um local onde ativistas feministas continuem fazendo o trabalho de criar círculos sem preconceitos. (hooks, 2021: 46)

Embora hooks se refira à produção literária estadunidense, podemos atribuir à literatura infantil brasileira igual importância no tratamento das ideias preconcebidas "para o bem e para o mal". Basta atentar para o direcionamento que o próprio governo, recentemente, deu à publicação de livros "pasteurizados" para o público infantil, pouco se importando para a qualidade estética, a fim de cercear o questionamento e a reflexão. Apesar da forte reação do meio acadêmico e de parte do magistério, a imensa maioria da população nem percebe a diferença entre uma educação libertadora, que leva à problematização da condição da mulher na sociedade, e uma educação compulsoriamente conservadora e acrítica. E isso está na base da necessária mudança no sistema de pensamento.

Ainda em referência à educação feminista de que fala hooks e à importância da literatura infantil nesse sentido, Teresa Colomer (2017) oferece uma informação pertinente: estudos destacaram a discriminação de gênero nos livros para crianças a partir da década de 1970. Com isso, houve um compromisso com valores sociais não discriminatórios, inclusive por meio de políticas de edição e guias para livros não sexistas. Ela cita a seleção *Little Miss Muffet Fights Back: A Bibliography of Recommended Non-Sexist Books About Girls for Young Readers*, que orienta a incorporação de livros menos segregadores em bibliotecas e escolas norte-americanas, adotando os seguintes critérios:

1. Livros com mulheres ou meninas ativas e interessadas em sua profissão ou em suas aventuras.
2. Personagens femininas com características de personalidade positivas e não associadas tradicionalmente à mulher: inteligência, independência, valor, eficácia etc.
3. Retratos positivos de mulheres que não apenas sejam mães e de jovens que demonstrem ambição e capacidade de tomar suas próprias decisões.
4. Comentários explícitos do narrador a favor da não discriminação sexista se a trama assim o requer.
5. Livros que abordem o tema da amizade e do amor de maneira que o amor romântico não pareça a única satisfação feminina. (Colomer, 2017: 64)

No entanto, pesquisas dos anos 1990 mostram que o imaginário proposto nos livros ainda abrigava o modelo masculino de mundo, mesmo que de forma mais sutil e inconsciente. Nessa época, a defesa de novos papéis para a mulher se traduzia em forma de discurso explícito; não se viam pares ou grupos de personagens exclusivamente femininos. Segundo Colomer, o feminino havia se aproximado de uma espécie de "não ser": as meninas não eram mais "femininas" no sentido tradicional, nem formavam grupos, nem eram protagonistas exclusivas das aventuras. O estereótipo de princesa havia se invertido, mantendo-se o modelo masculino como o "almejado".

Algumas marcas dessa inversão aparecem em *Procurando firme*, de Ruth Rocha (1984). Essa é a divertidíssima história de Linda Flor, princesa que rechaça toda a performance do gênero feminino quando ignora os príncipes "pretendentes", corta o cabelo, usa calças compridas e deixa as "prendas femininas" de lado para ter aulas de berro, de esgrima, de corrida, de "tudo que é preciso para poder sair deste castelo e correr o mundo como meu irmão" (Rocha, 1984: 29). Ela completa: "E se eu tiver que casar com alguém eu encontro por aí, que o mundo é bem grande e deve estar cheio de príncipes pra eu escolher". E é isso que ela faz, mas misturando suas "prendas femininas" com atividades "masculinas": para passar pelo dragão, deu os pulos que aprendeu no balé, depois um salto com vara, pulou a muralha, pegou uma canoa, remou com força e saiu do outro lado, procurando não se sabe o quê, mas procurando firme.

Considerando-se que a primeira edição desse livro é de 1984, é fácil verificar o quanto ele foi inovador em um Brasil que saía do período de ditadura militar e de muito conservadorismo, desejando liberdade. O fato de uma princesa sair do "molde social" já é um ganho; de conseguir provar que é capaz de fazer "coisas de menino" também, embora não seja exatamente uma exigência para que haja maior igualdade entre os gêneros e obter direitos como o de participar da esfera pública da vida. Para ter direitos, não é necessário se igualar aos meninos no sentido de ter o mesmo comportamento, o mesmo jeito de ser, o mesmo corte de cabelo, isto é, ser *como um menino*, mas ser reconhecida como alguém que é igual: nem inferior, nem superior. Sim, ainda há várias áreas de atuação em que a mulher precisa provar que "pode", que é também competente, mas, *se ela quiser*, pode provar isso ainda de vestido e cabelo longo. *Se ela quiser.*

Judith Butler, em *Problemas de gênero* (2017), como outras pensadoras e outros pensadores, explica que o gênero é socialmente construído, e não "natural", com base em uma performance própria repetida, se tornando simultaneamente uma reencenação e uma nova experiência de um conjunto de significados estabelecidos coletivamente. É essa performance que legitima a estrutura binária da sociedade e consolida o sujeito.

> O gênero não deve ser construído como uma identidade estável ou um *locus* de ação do qual decorrem vários atos; em vez disso, o gênero é uma identidade tenuemente construída no tempo, instituído num espaço externo por meio de uma *repetição estilizada de atos*. O efeito do gênero se produz na estilização do corpo e deve ser entendido, consequentemente, como a forma corriqueira pela qual os gestos, os movimentos e estilos corporais de vários tipos constituem a ilusão de um eu permanente marcado pelo gênero. (Butler, 2017: 242)

Meninas deveriam ser delicadas, rir e falar baixo, sentar de pernas fechadas, ser agradáveis. Esse conhecimento comum significa que o modo de agir, de se vestir, de se mostrar "princesa" ou "mulher" foi subvertido em *Procurando firme*, pois a protagonista adere a atos não prototípicos da feminilidade, sem deixar de ser mulher, mas alterando o modelo que a sociedade reconhece como apropriada e que obriga a mulher a ser *bela* (dentro de um padrão de beleza quase inatingível para a maioria), *recatada* e *do lar*: Linda Flor escolhe cabelo curto, calça jeans e sai do castelo enfrentando o dragão.

Rita Mira (2017: 24) desenvolveu importante pesquisa acerca da representação da mulher na atualidade: *O arquétipo da princesa na construção social da feminilidade*. Mira mostra como a figura da princesa, tão presente nos produtos culturais direcionados à infância, perpassa o processo de socialização das meninas e das mulheres, causando forte impacto na construção da feminilidade e nas concepções sobre o amor. Na pesquisa, são entrevistadas meninas de 6 a 10 anos, suas mães e avós, a fim de se verificar como são incorporadas essas noções e/ou reinterpretadas através das práticas e dos significados que se constroem e dão sentido à sua vida pessoal e social. Optando por uma ótica culturalista para definir os *arquétipos*, e não pela perspectiva psicanalítica proposta por Jung, Mira parte do princípio de que "os significados das representações simbólicas são plurais, culturalmente variáveis, fruto de um sistema aberto, descontínuo e fragmentado, em que o universo simbólico é constantemente representado, (re)escrito e (re)interpretado".

Ela também destaca a importância das representações *visuais* na construção dos imaginários, funcionando como produtoras de ideologias e constituindo elementos de cultura cujas premissas de beleza, de prestígio social, por exemplo, são elaboradas. Como a pesquisadora expõe com muita coerência, o papel das produções cinematográficas da Disney é bastante efetivo para isso, tendo as imagens da Branca de Neve, da Cinderela e da Bela Adormecida como as mais recorrentes. A repetição exaustiva das princesas cristaliza padrões e, então, cria-se um modelo de identidade. Assim são constituídos olhares estéticos e éticos sobre si e sobre as/os outras/outros, incluindo a ideia de que a felicidade está vinculada ao amor romântico. Apesar de surgirem atualmente outros modelos de princesa, segundo Mira, na maioria das representações, é o modelo hegemônico de *ser* e *parecer mulher* que permanece: branca, jovem, heterossexual, magra, bonita e dócil.

Na mesma direção, Teresa Colomer (2017: 73-4) afirma que, no século XXI, nos livros para crianças e jovens, as questões relacionadas à representação social da mulher não avançam muito quanto à quebra dos estereótipos: "A reivindicação do acesso da mulher às atividades e condutas tradicionalmente masculinas deu lugar a uma maior presença feminina e a um maior cuidado na descrição de suas características, mas o progresso não aparece suficientemente consolidado e, sobretudo, traz ainda muitas incógnitas sobre o caminho a seguir".

Colomer aponta que a literatura infantojuvenil ainda não ajuda os meninos a perderem o incômodo ante suas emoções, nem a gerirem melhor suas relações interpessoais. Também não ajuda as meninas a se entenderem como sujeitos e não como objetos definidos pelo olhar do homem, assim como não estimula a busca pelo espaço público sem que tenham de ser "supermulheres" ou adotar condutas masculinas.

Isso se comprova também na produção literária brasileira. Vejamos outro livro em que o olhar da criança para os papéis dos homens e das mulheres é instigado. Trata-se de *Super*, de Jean-Claude Alphen (2017). O conto é ilustrado delicadamente, com traços "infantis" e com a predominância do azul. Nele, um menino observa a dinâmica de sua casa, vendo o pai sair para trabalhar todos os dias como super-herói, de capa de Batman e gravata, voando, enquanto a mãe, que também trabalha fora, vai de carro levar primeiro o menino para a escola, não sendo vista como super-heroína, enfrente uma dupla jornada de trabalho. O pai chega do trabalho e se esparrama no sofá e a mãe, mesmo cansada, realiza as tarefas domésticas. Às vezes, o pai traz seus supercolegas e dá à mãe trabalho extra. Às vezes, ele vai às reuniões da escola; pega o menino na escola; almoça em casa com a família. Mas quem faz tudo isso diariamente é a mãe. Uma manhã, o pai não vai mais trabalhar; só a mãe. E o pai passa a realizar as tarefas antes quase exclusivas da mãe e ter a mesma aparência desleixada e cansada dela. Até que uma noite, sem sono, o menino descobre que sua mamãe também é "super" – e então ele a vê vestida como super-heroína, de capa, botas e postura altiva.

Vale destacar a força da linguagem visual, ao trazer referências intertextuais e interdiscursivas para figurar o pai e, depois, a mãe, com "capa de Batman". Oferece-se à interpretação uma metáfora imagética bastante interessante e de fácil inferência para os pequenos, ao menos para aqueles que têm conhecimento das histórias com super-heróis. Ser "super" é uma condição privilegiada, prestigiosa, superior, pois dota a pessoa de capacidades extraordinárias, vinculadas, na história, como aquelas que saem da rotina, do que é ordinário, automático – e não são necessariamente "destinadas" à mulher de acordo com o imaginário coletivo.

Figura 10 – Supermamãe: "Mamãe também é super!!!"

Fonte: *Super*, de Jean-Claude Alphen (Pulo do Gato, 2017: 50-1).

A surpresa do menino ao constatar que a mãe também é "super" equivale à percepção do valor da mulher, acostumada ao anonimato, à invisibilidade, ao trabalho doméstico compulsório e desvalorizado. O julgamento do menino é o que consta no senso comum, no imaginário relativo aos gêneros. A ideia de que a mãe é "super" poderia ter sido pensada antes, enquanto ela era de fato uma "supermulher", com dupla jornada de trabalho. Também é interessante a manutenção do preconceito em relação ao trabalho doméstico e às tarefas rotineiras no trato com a criança. Tanto a mãe quanto o pai são retratados como pessoas "acabadas" quando não trabalham no espaço público. O próprio pai "deixa de ser 'super'" quando vai de casa para a escola, da escola para a casa com o menino; não usa mais capa, não voa. Em outras palavras: o trabalho doméstico ainda não é problematizado como uma função de todos, que não precisa ser penosa, nem considerada "menor", nem exclusiva da mulher, mas que, talvez, seja justamente a tarefa que faz cada um de nós mais "super" do que trabalhar fora.

Um exemplo bastante singular relacionado a uma nova proposta para a representação da mulher é *Ervilina e o Princês ou "deu a louca" em Ervilina*, de Sylvia Orthof (1986). Essa versão traz ilustrações da própria autora, altamente significativas quanto à época da produção da história, mas que são, em edição posterior, substituídas por outras mais "atemporais". Enquanto conta a história de Ervilina em versos bem-humorados, apresenta, nas imagens, vários índices relacionados aos acontecimentos do final dos anos de 1980: a passagem do cometa Halley (no ano de publicação do livro) por cima do castelo e a faixa estendida pelas amas na chegada da rainha, dizendo "Abram alas pra rainha! Ela é a maior! Viva a coroa!", mas, riscado, no canto, "Abaixo a Rainha! Vote no PT!" (Orthof, 1986: 11). Há também outros elementos adicionados à trama que se referem ao período da ditadura, como a ação de generais e soldados que "sequestram" Ervilina.

Nessa paródia, trinta moças atendem ao apelo dos reis, que mandam vinte ministros e oitenta generais colocarem anúncio em dez jornais, a fim de encontrar uma noiva para o *princês*, necessariamente muito delicada e sensível. Nenhuma delas, porém, percebe a pedrinha bicuda e lascada por baixo de três colchões, vinte cobertores e um lençol bordado com quatro ramos de flores, que a rainha inventa de colocar como prova de delicadeza. Por ordem de um general, soldados trazem empurrada "umazinha, toda pobre e esfarrapada" (Orthof, 1986: 24): Ervilina da Lima Cunha de Andrada. A rainha, então, substitui a pedrinha por uma ervilha redondinha, mas que impede a moça de dormir, pois, como ela afirma, o colchão machuca. O problema é que Ervilina não quer se casar com o princês. Quando muito, se casaria com o namorado dela. Ela vai embora, feliz da vida, cuidar de seu rebanho, pois trabalha como pastora.

Segundo Linda Hutcheon (1985: 48), a paródia é "repetição com diferença", isto é, uma intertextualidade que transgride o texto fonte, como acontece em *Ervilina*, que retoma *A princesa da pequena ervilha* (ou *A princesa e a ervilha*, como ficou mais conhecido), de Hans-Christian Andersen, contado também pelos irmãos Grimm. No conto fonte, o príncipe procura por uma princesa: "Era uma vez um príncipe que queria ter uma princesa, mas ela deveria ser uma verdadeira princesa" (Andersen, apud Adam, 2011: 95). Na decomposição do *ser* e do *parecer*, entre verdades e mentiras, desencadeia-se a história. A paródia vem marcada já no título, com o nome dado à princesa, Ervilina, que utiliza o radical de "ervilha", em referência à história original.

No reconto de Orthof, da imagem de princesa fica apenas a delicadeza, exigência para se casar com o princês. Aliás, o fato de substituir "príncipe" por "princês" já demonstra o tom da história, ao subverter o par "príncipe"/"princesa" por "princesa"/"princês", uma suposta flexão que teria nascido no termo feminino, com a supressão da vogal "a", deixando subentender a prevalência da mulher sobre o homem. Além disso, o fato de a moça mais delicada da redondeza não querer se casar com o príncipe (e *talvez* um dia se casar com o namorado) desfaz a característica atribuída à mulher em relação ao casamento como única fonte de felicidade: ela vai embora feliz, de volta a seu trabalho junto ao rebanho que pastoreava. Em relação ao obrigatório cuidado com a beleza, também a moça destoava, andando "esmolambada". Desconstrói-se, portanto, o imaginário que sustenta a representação da mulher na sociedade.

Em relação a uma possível transformação da ideia de como *ser* e *parecer* feminina, voltando mais uma vez à Teresa Colomer (2017), parece interessante ressaltar que, como ela defende, suprimir livros com conteúdo sexista, ou elaborar livros combativos como receitas, não é a solução para a representação da mulher – e do homem – na literatura infantil e juvenil. O importante é aprender a localizar as ideologias subjacentes e questioná-las – e o momento mais propício para tal é durante a leitura mediada, pelo adulto, com a criança, ou com o jovem. Por isso, quando o intuito é o desenvolvimento de um olhar crítico em relação às histórias e ao mundo, parece ser fator determinante um trabalho voltado para o processo argumentativo subjacente às narrativas e para a atenção aos imaginários que sustentam personagens, atos e histórias.

Retomando a ideia acerca da *dimensão argumentativa* perceptível nas narrativas, podemos verificar, na literatura infantil, que a intenção de propor uma tese, defendendo um ponto de vista, pode estar mais ou menos evidente em uma história, apresentando-se como tema central na trama (ou não). No caso de *Ervilina e o princês*, por exemplo, é central a discussão acerca da condição feminina. Em *Super*, a valorização da mulher em relação a tarefas não domésticas, ou à vida profissional na esfera pública também está no centro do enredo. Nesses casos, a conclusão a que se chega ao final da história está ligada a um imaginário reconstruído em relação à representação da mulher.

No primeiro livro, questiona-se a condição da mulher, contrapondo o senso comum, ao mostrar uma provável candidata à princesa que não tem o casamento como prioridade e é feliz trabalhando por sua conta, sem depender de ninguém. No segundo, a valorização da mulher, diferentemente do que é considerado "natural" para o gênero, é deslocada para a "conquista do espaço público" ao mostrar o filho vendo a mãe como "super" tanto quanto via o pai quando ele trabalhava "fora". Em ambas as narrativas, é possível verificar a atuação simultânea da contação de uma história e da apresentação de um ponto de vista, em planos separados, mas convergentes, assim como a condução do acionamento do processo simbólico com a reconfiguração da representação da mulher.

Ainda quanto à representação social da mulher, podemos verificar, em livros que não têm exatamente como tema a condição feminina, mas quaisquer outros, algum aspecto que mostre, colateralmente, a defesa de um modelo menos injusto e estereotipado, menos sexista, e, portanto, vinculado à dimensão argumentativa do texto a favor de sua afirmação. Um exemplo seria o divertido *Romeu suspira, Julieta espirra*, de Maria Amália Camargo, com ilustrações de Silvana Rando (2014).

A intertextualidade com o texto fonte de Shakespeare é mais uma vez acionada logo pelo título, fazendo o leitor criar a expectativa de que se deparará com uma história de amor entre pessoas bem diferentes em termos sociais, vivendo, então, uma aventura para ficarem juntos. A expectativa se comprova apenas parcialmente, porque, ao final, ele acaba sabendo que, para além da paixão que une o rapaz e a moça protagonistas da narrativa, quase opostos em termos de personalidade, o leitor está, na verdade, aprendendo a origem da sobremesa chamada de "Romeu e Julieta", criada pelo Xeique Hispir (Saúde!), que "inventou o quitute de queijo com goiabada, inspirado no amor entre doce dama e salgado camarada" (Camargo, 2014: 45).

Ao serem descritos os protagonistas, a diferença entre eles é construída em meio a qualidades não prototípicas para meninos e meninas: Julieta fazia sumô, mas Romeu, bolerinhos de tricô; Julieta comprou um Ford Bigode e Romeu, duas mamãe-sacode (que, pela ilustração, sabemos se tratar de pompons daqueles usados pelas torcidas organizadas nos Estados Unidos); Romeu cheirava a água-de-colônia, mas Julieta, a uma rena da Lapônia; Julieta torcia pela Inter de Limeira e Romeu, pela Estação Primeira de Mangueira; Romeu vivia a dar suspiros e Julieta, mil espirros. Nas ilustrações, outros dados também relativos à apresentação dos personagens são figurados, afastando-se do que caracterizaria a performance masculina ou feminina, como Romeu, que tinha uma memória de elefante, desenhado ao lado de um paquiderme, mas Julieta, que tinha uma peruca de barbante, aparece com uma cabeleira enorme, tocando guitarra com uma expressão corporal própria do rock.

Embora a centralidade do tema dessa história seja a "estranha atração entre opostos", como se afirma na contracapa, ao serem apresentadas as qualidades dos protagonistas, há uma desconstrução do sexismo que impera em nossa cultura e que, por desdobramento, incide mais negativamente sobre a mulher. Ao ler o conto, o leitor pode chegar à conclusão de que o fato de *ser menino* ou de *ser menina* não precisa coincidir com o modelo hegemônico vigente. Mesmo secundária, é uma ideia potencialmente inferida como "efeito colateral" da conclusão principal de que pessoas muito diferentes podem se gostar, apesar de suas personalidades se afastarem em muitos aspectos. Desse modo, dissemina-se uma mudança no sistema de pensamento que, aos poucos, ganha força até que ocupe o senso comum.

A AFIRMAÇÃO DA MULHER NEGRA

A luta feminista, que se desenrola há mais de um século, encontra inúmeros obstáculos a serem vencidos, porém, quando se trata da mulher negra, é preciso encarar uma guerra múltipla: contra a misoginia, o racismo e, quase sempre, também contra o preconceito de classe. Enfatiza hooks (2019: 30):

> Foi justamente por se recusar a ver e combater as hierarquias raciais que o feminismo do passado impediu que fosse feita uma ligação entre raça e classe social. E, no entanto, a estrutura de classe da sociedade estadunidense foi moldada pela política de classe da supremacia branca; somente analisando o racismo e suas funções na sociedade capitalista é que se pode chegar a uma plena compreensão das relações de classe. A luta de classes é indissociável da luta pelo fim do racismo.

Vemos que hooks trata do feminismo e do antirracismo nos Estados Unidos, mas a realidade brasileira também apresenta vários indícios do vínculo entre as lutas contra esses preconceitos. Se a mulher branca lutou muito para "trabalhar fora", a negra sempre trabalhou porque, em sua grande maioria, ou foi escravizada, ou é pobre e precisou adotar a dupla jornada a fim de sobreviver. Se a mulher branca é considerada inferior ao homem no mercado de trabalho, a negra é duplamente discriminada também por causa da cor, o que parece constar como uma barreira quase intransponível para ela, além de somar a essas dificuldades a falta de uma formação completa e de melhor qualidade. Dito de outro jeito, a mulher negra costuma sofrer várias injustiças ao mesmo tempo, fato que torna sua vida em sociedade bastante penosa.

> No período que imediatamente se sucedeu à abolição, nos primeiros anos de "cidadãos iguais perante a lei", coube à mulher negra arcar com a posição de viga mestra de sua comunidade. Foi o sustento moral e a subsistência dos demais membros da família. Isso significou que seu trabalho físico foi decuplicado, uma vez que era obrigada a se dividir entre o trabalho duro na casa da patroa e suas obrigações familiares. Antes de ir para o trabalho, havia que buscar água na bica comum da favela, preparar o mínimo de alimento para os familiares, lavar, passar e distribuir as tarefas das filhas mais velhas no cuidado com os mais novos. Acordar às três ou quatro horas da madrugada para "adiantar os serviços caseiros" e estar às

> sete ou oito horas na casa da patroa até à noite, após ter servido o jantar e deixado tudo limpo. Nos dias atuais, a situação não é muito diferente. Mas vejamos os dados objetivos que podem nos fornecer elementos para um conhecimento da sua situação como força de trabalho nos últimos anos.
>
> O Censo de 1950 foi o último a nos fornecer indicadores sociais básicos relativos à educação e ao setor da atividade econômica da mulher negra. A partir daí, pode-se constar: seu nível de educação é muito baixo (a escolaridade atinge, no máximo, o segundo ano primário ou fundamental) e o analfabetismo é fator predominante. Do ponto de vista da atividade econômica, apenas cerca de 10% atuam na agricultura e/ou na indústria (sobretudo têxtil, em termos de Sudeste-Sul); os 90% restantes estão concentrados no setor de serviços pessoais. (Gonzalez, 2020: 40)

Esse cenário pintado por Lélia Gonzalez sustenta uma justificativa histórica para a condição da mulher negra na sociedade brasileira. Para ela, nem mesmo conquistar lugar na classe operária foi possível. Mais tarde, quando a prestação de serviços burocráticos começa a absorver mais mulheres, essa parcela da população, com baixo nível de escolaridade e sem a "boa aparência" exigida por esse setor, fica mais uma vez de fora. Com o crescimento da classe média, as mulheres negras ficam relegadas à condição de massa marginal, pobre, com fome crônica, desamparada. Segundo Lélia, em termos de representação social, o racismo cultural leva todos, algozes e vítimas, a verem como natural a mulher em geral e a negra em particular desempenhar papéis sociais desvalorizados. As mulheres ganham salários menores do que os dos homens e as negras, em grande parte, estão limitadas à prestação de serviços domésticos. As "mulatas", por sua vez, são nomeadas de "produto de exportação", ou seja, são exploradas como objeto a ser consumido por turistas e "burgueses nacionais". Como nos Estados Unidos, no Brasil, a entrada da mulher negra como pauta nos movimentos feministas foi um processo conturbado. De acordo com Lélia, nos congressos e reuniões, as mulheres negras eram constantemente consideradas "agressivas" e "não feministas" por insistirem em inserir o racismo na luta feminista por ser, como o sexismo, uma forma estrutural de opressão e de exploração. A questão da exploração das empregadas domésticas, majoritariamente negras, também não foi bem recebida na agenda do movimento de libertação das mulheres.

Apesar de a antropóloga e filósofa tratar mais precisamente da mulher negra do século XX e vislumbrarmos algum avanço após os anos 2000 por causa da implantação da política de cotas para negros nas universidades, além dos movimentos negros que cresceram no Brasil, sobretudo os nascidos nas periferias, a realidade da imensa maioria continua duríssima, especialmente por causa da violência crescente nas comunidades, com a organização do crime e o desamparo do estado. Mais uma vez, são as mulheres que, quase sempre, ainda são cabeças das famílias, muitas das quais geridas por mães e avós tremendamente sacrificadas para sobreviver. Tudo isso só amplifica a discriminação por gênero, cor e classe.

Diante dessa problemática, a literatura infantil, como tantos outros bens culturais, é fundamental para a representatividade negra, que passa a ser visibilizada como competente em profissões diversas e em atividades antes exclusivas de uma parcela privilegiada da população, além de valorizada em sua beleza. Afinal, em conformidade com Dijk (2021: 11), "o discurso antirracista – uma das principais formas de resistência antirracista – é a interface entre a prática sociopolítica antirracista e as atitudes e ideologias antirracistas". Como exemplo, vejamos o conto *Uma princesa nada boba*, de Luiz Antonio, com ilustrações de Biel Carpenter (2011), muitas vezes citado por nós em palestras e artigos.

Na história, Stephanie (com P e H, como fazia questão de dizer) sofre por não poder ser igual a uma princesa, com cachinhos dourados, longos fios escorridos, narizinho pontudo. Por isso, vive "aprontando". O pai diz que ela era uma princesa. Ele, um advogado que sempre tinha respostas, sofre em silêncio com isso. A mãe, professora, também sempre com respostas para os alunos, para ela, apenas diz que ela é uma princesa. Nas férias, a garota vai para o sítio da avó: "A minha casa tem guarita, portão eletrônico, cachorro. O sítio tem mato, rio, sapos"

(Antonio, 2011: 19). A sábia avó percebe o desconforto da menina, prepara um banho com ervas e pergunta a ela que *tipo* de princesa queria ser. De manhã cedo, a neta vai até o rio jogar flores a pedido da avó. Lá ela encontra uma mulher – que a ilustração mostra ser negra – muito bonita, coberta de ouro, que oferece um abebé (um espelhinho) para a menina olhar. Ali ela vê várias princesas negras, inteligentes e corajosas, bem diferentes das que ela conhecia: Oyá, princesa guerreira, nigeriana; Nzinga Mbandi, princesa e rainha de Ndongo, onde hoje fica Angola; e a avó da avó da avó dela, princesa de Ketu, da resistência à escravidão, na Bahia. Na volta às aulas, chama uma amiga e pede que a chame pelo nome verdadeiro, Odara: nome de princesa nada, nada boba.

Uma estratégia poética bastante interessante pode ser observada nas ilustrações. No início da narrativa, a Stephanie aparece de costas, com roupa cobrindo todo o corpo e um guarda-sol escondendo seu rosto e seu cabelo. O enquadramento promove a sensação de aproximação e de afastamento da protagonista em relação ao leitor. As ilustrações todas têm fundo branco e as cores das roupas e cenas, sempre com traços simples, são o amarelo, o marrom-avermelhado, o cinza-azulado – que são vistas como aquelas que valorizam a pele negra – e o preto, além do próprio tom da pele negra. Quando entende que é uma princesa, Odara aparece altiva, com o corpo inteiro à mostra, de frente para o leitor, assumindo orgulhosamente sua negritude. Metaforicamente, a identidade, antes escondida por não ser aceita nem por ela mesma, se consolida e é assumida por Odara.

Destacamos então alguns aspectos relevantes nessa história para a afirmação da menina negra/mulher negra: a representatividade na história, a família negra de classe média, pai e mãe exercendo profissões que exigem nível superior de escolaridade e não são consideradas "subalternas" (advogado e professora), a moradia em um condomínio. A avó representa a ancestralidade, tanto por seu comportamento quanto por sua sabedoria. As princesas citadas, além de uma beleza própria e coragem por suas funções, servem de novo modelo para a feminilidade de Odara, de acordo com uma origem histórica "não oficial" vinculada à afrodescendência.

Esses elementos contribuem como argumento para a tese defendida subliminarmente acerca do protagonismo negro na sociedade, desconstruindo o estereótipo tão discriminado atribuído, sobretudo, à mulher negra. A história de Odara passa a ser referência a tantas outras meninas que não se sentem representadas pelas princesas "prototípicas", aprendendo que o preconceito contra elas é só um preconceito, e não característica essencial imutável. Com isso, é mais fácil resistir.

Há outros títulos igualmente relevantes para a representatividade da mulher/menina negra, como *Amoras*, de Emicida (2018), no qual também são apresentadas várias personalidades negras, como Nelson Mandela e Martin Luther King, enquanto um pai, em passeio pelo pomar com a filha, explica que as melhores jabuticabas são as pretinhas, em uma metáfora em relação à pessoa negra. Também têm sido publicados vários títulos que colocam como questão o cabelo, utilizado como vetor de discriminação racial, mas transmutado, pelo movimento negro, a símbolo de orgulho racial. Um deles é o da própria bell hooks: *Meu crespo é de rainha* (2018: s/p).

> Menininha do cabelo lindo e de cheiro doce
> macio como algodão,
> pétala de flor ondulada e fofa,
> cheio de chamego e de aconchego
> [...]
> Cabeleira que leva as tristezas pra bem longe.
> Sentadinha de manhã, esperando as mãos carinhosas que escovam ou trançam
> para o dia começar enrolado e animado!
> Pixaim sim!
> Gosto dele bem assim!
> Cachinhos, crespinhos, birotes, coquinhos.
> Ou quem sabe com turbante!
> [...]
> Menininha, você é uma gracinha!
> Nosso crespo é de rainha!

Mais uma vez, o texto se direciona a uma menina, em segunda pessoa ("Menininha do cabelo lindo..."; "Menininha, você é uma gracinha!"), que pode ser a leitora, ou o leitor, e é enunciado por alguém com quem ela pode se identificar ("Nosso crespo é de rainha!"). A descrição do cabelo crespo traz características muito positivas, às vezes, por meio de metáforas ("pétala de flor ondulada e fofa"), criando uma aura de aceitação ("Pixaim sim! Gosto dele bem assim!"), ao mesmo tempo em que descontrói o estereótipo negativo.

Ainda hoje, apesar de o movimento negro vincular o cabelo afro à afirmação da negritude, Tarcízio Silva (2022), pesquisador interessado pelo racismo algorítmico, revela que, nos sites de busca, "cabelo bonito" está relacionado a imagens de pessoas brancas de cabelos lisos e "cabelo feio", a de pessoas negras com cabelos crespos.

Lélia Gonzalez (2020: 242) fala do modelo estético imposto como superior e ideal: "Por isso mesmo nós negras e negros, éramos sempre vistos como o oposto daquele modelo através do reforço pejorativo das nossas características físicas: cabelo ruim, nariz chato ou de fornalha, beiços ao invés de lábios". Portanto, bens culturais, sobretudo destinados também à infância, têm função muito relevante para a construção da autoestima das meninas e dos meninos negros, mostrando como o cabelo pode ser considerado não só elemento de beleza, mas, sobretudo, marca de uma identidade forte e altiva.

Bourdieu (2017) discorre sobre a experiência feminina do próprio corpo como a do corpo-para-os-outros, exposto ao olhar e ao discurso dos outros. Trata-se de um corpo *percebido*, um produto social mesmo naquilo que parece ser mais natural (volume, talhe, peso, musculatura etc.), mas também naquilo que sua postura e sua atitude expressam sobre, isto é, na correspondência entre o "físico" e o "moral": o corpo, então, pode expressar uma identidade "naturalmente" mais "distinta", ou mais "vulgar", por exemplo. A representação social do corpo é obtida através da aplicação de uma classificação produzida na interação, por meio de esquemas de percepção e de apreciação conhecidos e reconhecidos.

A dominação masculina constitui a mulher como objeto simbólico, *ser-percebido*, fato que a deixa em constante estado de insegurança corporal: ela existe pelo e para o olhar dos outros, enquanto objeto receptivo, atraente, disponível. Ser feminina é ser sorridente, simpática, atenciosa, submissa, discreta, contida ou até apagada. Assim, as mulheres se veem obrigadas a experimentar a distância entre o corpo real e o corpo ideal, muitas vezes inalcançável e causa de muito sofrimento. Acrescentamos: se esse corpo, além do mais, é negro, a possível incorporação do julgamento social pode ser realmente dolorosa. María Lugones (2020: 75) explica a diferenciação das mulheres brancas e negras assim:

> Historicamente, a caracterização das mulheres europeias brancas como sexualmente passivas e física e intelectualmente frágeis as colocou em oposição às mulheres colonizadas, não brancas, inclusive as mulheres escravizadas que, ao contrário, foram caracterizadas ao longo de uma vasta gama de perversão e agressão sexuais e, também, consideradas suficientemente fortes para aguentar qualquer tipo de trabalho.

Se, em geral, as mulheres são historicamente colocadas em um lugar subalterno e submisso, as negras ainda convivem com o peso de uma avaliação negativa e totalmente desrespeitosa desde as origens do colonialismo, como no Brasil, em função da escravidão a que foram submetidas e que, até os dias de hoje, deixa sua sombra na discriminação, tornando inescapável a interseção entre gênero, "raça" e classe social.

Um aspecto que não pode ser menosprezado no caso brasileiro é, como explica Lélia Gonzalez (2020: 170), a lógica simbólica que coloca a mulher negra em um lugar de inferioridade e pobreza, ao mesmo tempo em que alça a *mulata* à posição de rainha do carnaval, perdendo seu anonimato e se transformando em uma Cinderela, mas ocupando, então, a categoria de *objeto sexual* em uma sociedade que alimenta o mito da democracia racial e a ideologia do *branqueamento*:

> O dito "Branca para casar, mulata para fornicar e negra para trabalhar" é exatamente como a mulher negra é vista na sociedade brasileira: como um corpo que trabalha e é superexplorado economicamente, ela é a faxineira, arrumadeira e cozinheira, a "mula de carga" de seus empregadores brancos; como um corpo que fornece prazer e é superexposto sexualmente, ela é a mulata do Carnaval cuja sensualidade recai na categoria do "erótico-exótico".

Essa é também a lógica simbólica que, durante décadas, usou *mulatas* nuas como símbolo do carnaval da Rede Globo de televisão. Era a época da Globeleza, representada inicialmente por Valéria Valenssa até o início dos anos 2000 e, depois, tendo sido substituída por outras. Somente em 2017 a Globeleza deixou de aparecer nua, com o "corpão" adornado apenas com pinturas e paetês, como tradicionalmente ocorria, passando a usar fantasias de acordo com vários ritmos de carnaval, como samba, maracatu, axé, frevo, demonstrando uma mudança de mentalidade que, em certa medida, quebra o estereótipo hipersexualizado da mulata e o monopólio do carnaval carioca.

Em um manifesto publicado em 2016 no Portal Geledés, ligado ao movimento negro, Stephanie Ribeiro e Djamila Ribeiro confirmam a tese de Gonzalez:

> A Mulata Globeleza não é um evento cultural natural, mas uma performance que invade o imaginário e as televisões brasileiras na época do Carnaval. Um espetáculo criado pelo diretor de arte Hans Donner para ser o símbolo da festa popular, que exibiu durante 13 anos sua companheira Valéria Valenssa na função superexpositiva de "mulata". Estamos falando de uma personagem que surgiu na década de noventa e até hoje segue à risca o mesmo roteiro: é sempre uma mulher negra que samba como uma passista, nua com o corpo pintado de purpurina, ao som da vinheta exibida ao longo da programação diária da Rede Globo. [...]
>
> [...] em 2015, a Globo trocou a Globeleza Nayara Justino, eleita por voto popular no programa Fantástico, por uma de pele mais clara, a atual Globeleza Érika Moura, escolhida internamente, já que a primeira "não teria se alinhado à proposta", segundo eles, reafirmando "o paladar" eurocêntrico de escolher a mulher negra apta para ser exposta como objeto sexual. Em outras palavras, pautados por racismo e machismo (de forma velada para alguns, para nós, muito evidente) selecionam quais padrões de negras vão explorar em suas vinhetas seguindo critérios de pele mais clara, traços considerados mais finos e corpo mais esbelto, porém voluptuoso e luxurioso "tipo exportação". A mulher negra, nessa posição, perde novamente a autonomia sobre si mesma e o lugar que ela deve ocupar passa a ser definido por terceiros.

Nesse manifesto, a maior crítica recai sobre o confinamento a lugares fixos a que as mulheres negras são direcionadas, sendo negadas sua humanidade, multiplicidade e complexidade. As negras dificilmente são protagonistas de novelas e, quando há exceções, como as atrizes Taís Araújo e Camila Pitanga, elas se justificariam por serem jovens e negras com peles mais claras (e acrescentamos: com traços mais "finos"). Atrizes "maiores", como Ruth de Souza, nunca são valorizadas como Fernanda Montenegro, por exemplo, e, segundo as autoras, isso não tem nada a ver com talento.

É como uma *forma de poder* que Bourdieu (2017) explica a *força simbólica* que existe na organização social desde sempre, separando os indivíduos em categorias estáveis e, quase sempre, hierarquizadas. Podemos dizer, no entanto, que, se tem havido durante um tempo considerável um investimento na crença de que a mulher é um ser humano subalterno ao homem, e de que a mulher negra ocupa um lugar ainda mais injustamente depreciado, é possível resistir e colaborar para que haja um investimento diferente, consciente dessa discriminação para que todas e todos operem outra "transformação duradoura dos corpos", impondo a força simbólica de representações sociais favoráveis a elas, como se faz nos livros e outros bens culturais que afirmam a garra feminina e o orgulho da negritude.

A VIOLÊNCIA CONTRA A MULHER

Outro tema inescapável para a promoção de um discurso amoroso e relacionado à condição da mulher é o da prevenção da violência praticada contra ela, tão frequente nas páginas dos jornais. A condição em que é levada a viver faz a mulher, constantemente, vítima do homem, que quer e acha que pode comprovar sua virilidade tratando a mulher como "coisa sua" e/ou "serventia". É uma violência entre outras tantas a que está vulnerável pelo simples fato de ser mulher. Sua origem está na *objetivação* a que é submetida, assim como seu corpo, sustentando-se na ideia de manutenção do controle e da dominação que, em geral, preside as relações do homem com ela.

Bourdieu também explica haver uma relação estreita entre virilidade e violência. A virilidade, entendida como capacidade reprodutiva, sexual e social, é também mensurada pela aptidão do homem para o combate e para o exercício da violência. Ela precisa ser validada pelos outros homens, expressando-se seja como violência real, seja como violência potencial. Vários ritos sociais comportam provas de virilidade, como, por exemplo, certas formas de "coragem" exigidas pelas forças armadas e pelas polícias, (que, podemos acrescentar, às vezes, levam os iniciantes à morte), ou mesmo a visita em grupo ao bordel, ou ainda o estupro coletivo cometido por um bando de adolescentes. A virilidade, portanto, é uma noção relacional, construída diante dos outros homens, para outros homens e contra a feminilidade.

Para explorar o significado de violência – de gênero e familiar –, Heleieth Saffioti (2015: 79) afirma ser "óbvio que a sociedade considera normal e natural que homens maltratem suas mulheres, que pais e mães maltratem seus filhos, ratificando, desse modo, a pedagogia da violência" – e isso é mesmo ideia geral. Essa questão se justifica, segundo a pesquisadora, pela tolerância e até pelo incentivo da sociedade para que os homens exerçam sua força-potência-dominação contra as mulheres, embora isso seja prejudicial para ambos.

A violência sexual, uma das expressões da violência ligada à mulher, entretanto, parece ser aquela que mais se mostra "normalizada" na sociedade. Campanhas como a #nãoénão, disseminada nas redes sociais e amplamente divulgada no carnaval de 2020, surgem justamente para combater a ideia de que o corpo feminino é um "objeto sexual acessível" a qualquer um. Torna-se necessário defender o óbvio: é a mulher a dona de seu corpo e de suas vontades, e não o homem, que passa a mão no seio da colega deputada em plena sessão da Assembleia Legislativa, ou que se esfrega na passageira do ônibus lotado, ou que estupra a paciente anestesiada. É o sexismo que ensina os homens que eles detêm o direito sobre o corpo das mulheres – e das meninas, muitas das quais vítimas de estupro pelos próprios pais, conforme expõe Saffioti.

Em recente pesquisa baseada nas denúncias recebidas pela Ouvidoria Nacional do Ministério da Mulher, da Família e dos Direitos Humanos

(Garcia, 2022), uma em cada três vítimas de estupro no Brasil tem até 11 anos de idade; a maior parte dos suspeitos de terem cometido o crime são homens com algum grau de parentesco com a vítima (padrastos, na maioria) e o cenário do abuso, a casa em que ambos vivem. 47% das denúncias de estupro de crianças e adolescentes se referem a violações diárias e uma em cada três crianças começou a ser abusada há mais de um ano até a primeira denúncia ser realizada. É, portanto, necessário falar sobre isso.

É realmente difícil abordar o tema da violência sexual, sobretudo quando praticada contra meninas (ou mesmo contra meninos), envolvendo, portanto, pedofilia, principalmente nos bens culturais destinados à infância. Porém, em *Leila*, de Tino Freitas (2019), com ilustrações de Thaís Beltrame, esse é o tema central da história. De forma sutil e poética, Tino recorre à história de uma baleia-menina, Leila, assediada por um polvo, o Barão. Em um primeiro momento, a vítima sente-se arrasada, mas depois consegue superar o trauma com a ajuda de amigos. É um livro corajoso e lindo, que apresenta o tema sem uma explicitude que poderia assustar o leitor, mas deixa pistas para o problema ser notado, sobretudo, pela identificação com as personagens.

Diz a parte verbal no início da história:

> Leila vestiu o biquíni, penteou os cabelos e teve aquela certeza que brota na gente quando nos sentimos bem: Estou feliz! – pensou.
> Só então avisou à mãe:
> – Vou ali e já volto!
> E foi.
> Logo encontrou seu vizinho, o Barão, que disse:
> – Olá, **Pequena**! Hoje você está mais bela! Quero um beijo de bom-dia!
> Ele a beijou no rosto, como quem rouba algo de uma criança.
> E Leila sentiu-se **esquisita**.
> Barão sussurrou uma frase que assombrou Leila:
> – Minha **Pequena**, vou nadar com você!
> Ela não queria companhia alguma. Porém, continuou em silêncio.
> Barão a seguiu.
> E ela sentiu **medo**.

– Olha, **Pequena** – Barão sussurrou com sua voz sedutora –, se você for gentil comigo, te darei biquínis ainda mais bonitos. O seu está meio torto. Vou ajustá-lo para você.

E antes que Leila dissesse **NÃO!**, ele mexeu no biquíni.

O desejo urgente de desaparecer e uma dor imensa, que lhe pesava no peito, arrastavam-na para o fundo do mar.

Leila quis pedir **socorro**.

Mas ali estavam apenas ela e o Barão que, num gesto rápido, furtivo, cortou os longos cabelos que Leila tanto amava, afirmando:

– Eu gosto assim, **Pequena**! [Grifos do autor.] (Freitas, 2019: 5-13)

A consumação da violência é expressa com uma mancha escura lançada pelo polvo em Leila e pela ordem dele para que a baleia-menina não dissesse nada a ninguém.

Figura 11 – Assédio:
"Mais uma vez, a voz do Barão rompeu o silêncio. E despejou algo podre, que entrou pelos ouvidos de Leila, procurando um lugar para ficar borbulhando perto do seu coração: 'Pequena, o que aconteceu aqui será nosso segredo! Não diga a ninguém!'"

Fonte: *Leila*, de Tino Freitas e Thais Beltrame (Abacatte Editorial Ltda., 2019: 16-7).

Em três páginas duplas, ilustradas na vertical, aumentando a distância entre a superfície do mar e o fundo, sem nenhuma palavra, Leila desiste de nadar até que seus amigos, aos poucos, levam-na para respirar na superfície d'água. Mas "algo podre" não para de borbulhar em Leila. Quando reencontra Barão, sente raiva, medo e coragem ao mesmo tempo e diz: "O meu nome não é **Pequena**! eu não queria aquele **beijo** eu sei escolher a minha roupa eu não gosto da **sua** companhia eu decido se quero cortar meus cabelos e **ninguém** pode me tocar contra a minha vontade" [grifos do autor.] (Freitas, 2019: 31-4). Barão termina envolto por uma rede de pesca, aprisionado e sem voz. E Leila, livre e feliz.

Todas as falas de Barão são grafadas em linhas sinuosas, serpenteando a baleia, mostrando, metaforicamente, o cerco do pedófilo. Algumas palavras são grafadas em fonte maior e em negrito, salientando os sentimentos que envolvem o assédio e o incômodo de Leila. É a parte verbal do texto que *faz saber* o que está acontecendo e *faz sentir*, na perspectiva de Leila, o medo daquele cerco.

O olhar de Barão enquanto se aproxima dela é registrado em close, assim como o de Leila, quando finalmente reage ao abusador:

Figura 12 – Cerco de Barão:
"Logo encontrou seu vizinho, o Barão, que disse: 'Olá, Pequena! Hoje você está mais bela! Quero um beijo de bom-dia!' Ele a beijou no rosto, como quem rouba algo de uma criança. E Leila sentiu-se esquisita."

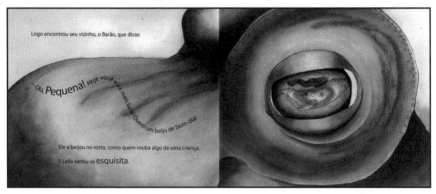

Fonte: *Leila*, de Tino Freitas e Thais Beltrame (Abacatte Editorial Ltda., 2019: 8-9).

David Le Breton (2019: 271), ao tratar da antropologia das emoções, destaca o poder do olhar, no con*tato* visual, e sua *tatilidade*:

> Pousar o olhar sobre o outro não é um acontecimento anódino. Em verdade, o olhar favorece e se apropria de algo para o melhor ou o pior. Pode-se dizer que ele seja imaterial, inobstante, que aja simbolicamente. Não é somente um espetáculo, e sim o exercício de um poder. Em certas condições, ele contém um temível poder metamorfoseador. O olhar de um ator sobre o outro é sempre uma

experiência afetiva, mas ele também produz consequências físicas: a respiração acelera, o coração bate mais rapidamente, a pressão arterial eleva-se e a tensão psicológica aumenta. Os olhos do outro tocam metonimicamente o rosto e atingem o sujeito no seu todo.

Sentir o olhar pousado em nós causa sempre alguma reação, seja de incômodo, seja de satisfação, visto que ele "se apropria de algo para o melhor ou pior". No caso, porém, do olhar fixo que expressa um interesse "invasor", é como se fôssemos tocados fisicamente, como se fôssemos atingidos pelo outro antes mesmo de estarmos mais próximos, ao alcance das mãos. Como afirma Le Breton, pousar o olhar sobre o outro pode ser entendido como um exercício de poder e uma experiência afetiva, com consequências no corpo: "a respiração acelera, o coração bate mais rapidamente, a pressão arterial eleva-se"... Assim Leila se sente com o olhar de Barão.

Mas o polvo assediador não olha apenas; ele toca literalmente Leila, mexe em seu biquíni, corta seu cabelo. Enquanto a investida se limita ao olhar, a vítima ainda tem uma escapatória, mas, quando há o toque, rompe-se o limite do espaço íntimo e intimida-se efetivamente o outro, provocando mal-estar. E, se o toque envolve interesse libidinoso e não é concedido pela vítima, atesta-se então a violência sexual.

Diferentemente do olhar fixo de Barão, o de Leila, quando o reencontra e explode em palavras e emoções, é carregado de uma intimidação psicológica, em favor da revelação, que ela vai imediatamente realizar, sobre o caráter abusador do polvo, daquele que tem muitos braços para envolver sua vítima e não a deixar escapar. Leila então jorra sua revolta, lançando ao mar frases como borbulhas, em sequência, sem pontuação, com palavras destacadas, que marcam o assédio sofrido. Nas páginas seguintes, o polvo é figurado como prisioneiro em uma rede de pesca e as únicas palavras que surgem, pichadas em um farol, são "NÃO É NÃO", como na campanha contra o assédio sexual, difundida pelas mulheres. Esse detalhe corrobora a temática sutilmente tratada no livro.

Considerando a argumentação que subjaz à narração dessa história, expondo-se uma cena de assédio sexual vivida por uma baleia que antropomorfiza uma menina, não só se coloca em pauta o tema, mas também, em certa medida, estimula-se a revelação de assédio de uma possível vítima que lê o texto. O livro leva o leitor à conclusão de que casos como esse precisam do apoio dos amigos e de que é saudável e necessário tornar público o evento, pois assim o abusador será punido e a vítima terá de volta sua liberdade, sentindo-se também aliviada do sofrimento por contar para alguém.

A quantidade de livros que trazem de forma central temas fraturantes relacionados à condição da mulher ainda parece pequena diante do problema estrutural que precisa ser enfrentado. Observa-se um número um pouco mais expressivo daqueles que tratam da mulher negra, realmente mais injustiçada socialmente, mas ainda carecemos de títulos que tragam para discussão a vida da mulher em sua rotina, que inclui, infelizmente, o medo do homem, seja por causa do desrespeito a seu corpo, seja por causa da misoginia geral que insiste em colocá-la em desvantagem em tudo. É preciso mostrar às meninas e aos meninos um modo diferente de nos relacionarmos, com amor.

POR UMA LITERATURA ANTIRRACISTA E AMOROSA

David Le Breton (2012: 72-73), tratando da sociologia do corpo, explica o racismo, de uma maneira geral, como um produto do imaginário coletivo relacionado ao corpo, tendo uma profunda influência dos alicerces passionais que alimentam a vida coletiva, portanto, podendo mobilizar tolerâncias ou violências.

> O racismo é derivado do imaginário do corpo. A "raça" é uma espécie de clone gigantesco que, na imaginação do racismo, faz de cada um dos membros fictícios que a compõem um eco incansavelmente repetido. A história individual, a cultura, a diferença são neutralizadas, apagadas, em prol do imaginado corpo coletivo, subsumido sob o nome de raça.

O processo de discriminação repousa no exercício preguiçoso da classificação: só dá atenção aos traços facilmente identificáveis (ao menos a seu ver) e impõe uma versão reificada do corpo. A diferença é transformada em estigma. O corpo estrangeiro torna-se corpo estranho. A presença do Outro se resume à presença de seu corpo: ele é seu corpo. A anatomia é seu destino.

Na perspectiva de Le Breton, um aspecto relevante é a uniformização dos indivíduos com base em sua categorização de "raça", como se fossem todos o mesmo, deixando como marca justamente o estigma, pois, quando se enxerga alguém como simples representante de uma "raça", na verdade, não se vê a pessoa, mas aquilo que ela representa segundo a ótica do racista: alguém inferior, estranho, cuja pertença ao grupo não está "autorizada". Em uma sociedade nascida do colonialismo como a do Brasil, soma-se a diferença de "raça" a uma hierarquização que coloca o negro em uma posição de subalternidade inigualável, transformando-o em um ser "sub-humano". Além dessa injusta condição, o negro também convive com a naturalização das hierarquias de classe e de gênero, imperceptíveis, a não ser que sejam avaliadas criticamente. Acrescenta o sociólogo Jessé Souza (2017: 22):

> Se essa hierarquia moral é invisível para nós, seus efeitos, ao contrário, são muitíssimo visíveis. O mesmo esquema possibilita que o branco se oponha ao negro como superior também pré-reflexivamente. Mesmo as supostas virtudes do negro são ambíguas, posto que o animalizam com a força física e o apetite sexual. O grande problema dessas hierarquias que se tornam invisíveis e pré-reflexivas é sua enorme eficácia para colonizar a mente e o coração também de quem é inferiorizado e oprimido.

Quando a sociedade racista se reconhece como tal – e, no Brasil, há um trabalho intenso quanto a esse reconhecimento necessário, principalmente graças aos movimentos negros, mas também graças a leis que recentemente criminalizam o racismo –, torna-se possível refletir sobre sua origem e a construção social no imaginário coletivo relativo a ele.

A gravidade do racismo estrutural em nossa sociedade é escancarada diariamente quando vemos rapazes negros presos e mortos em ações policiais; quando vemos ataques à pessoa "de cor" em restaurantes e em outros ambientes "de classe" por destoarem do "público-alvo"; quando vemos médicos e outros profissionais negros desacreditados apenas por causa da cor da pele; quando vemos *haters* nas redes sociais atacando perfis de negras e negros para desqualificá-los e "cancelá-los". É tão "automático" o preconceito, que ainda nos surpreendemos ao nos defrontarmos com um protagonista negro na novela da tevê.

Nesse sentido, vejamos um livro alinhado ao discurso amoroso que, indiretamente, coloca em evidência o protagonismo negro. Em *Enquanto o almoço não fica pronto...*, de Sonia Rosa (2020), com ilustrações de Bruna Assis Brasil, nos deparamos com um elogio à simplicidade de um dia normal em família. Diz o texto:

> Enquanto o almoço não fica pronto...
> papai varre o chão da casa,
> as crianças tomam banho de banheira,
> vovó faz tranças nos cabelos, bebê chora e faz pirraça.
>
> Enquanto o almoço não fica pronto...
> papai arruma as camas,
> as crianças leem livros de histórias,
> vovó atende o telefone,
> bebê engatinha pela sala. [...] (Rosa, 2020: 9-12)
>
> Papai, mamãe,
> as crianças,
> vovó e o bebê
> se sentam em volta
> da toalha de florzinha. [...] (Rosa, 2020: 20)

São cenas comuns, possíveis para qualquer família em que haja uma relação afetiva saudável; em que o pai divida as tarefas da casa; em que haja uma refeição para todos, enfim, o livro coloca em evidência uma lista de ações corriqueiras, valorizando-as em sua simplicidade. Não havendo nenhum conflito, a história atende aos critérios do que entendemos como uma narrativa não prototípica, deixando nas mãos do leitor a eleição de seu ponto alto. As páginas alegremente ilustradas, com colorido e traço infantil, acrescentam vários dados, como a alegria estampada nos rostos, os gestos de amizade, o olhar carinhoso entre as pessoas, o amor entre pai e mãe, as brincadeiras das crianças e do cachorro.

Sabemos, porém, que muitas famílias jamais viveriam uma cena como essa. Em *Tudo sobre o amor: novas perspectivas*, bell hooks (2020a) fala sobre o desamor em famílias disfuncionais, que pode marcar tão profundamente as pessoas a ponto de elas "desaprenderem" a amar. Por isso, ela defende uma visibilidade maior nas mídias (de massa, sobretudo) de representações de famílias saudáveis, amorosas, funcionais, pois, acrescentamos, o que nos acostumamos a ver continuamente na TV e nos canais de *streaming* é a violência e banalidade de famílias corrompidas pelo egoísmo, pela falta de amor e de cuidado de uns com os outros. Segundo hooks, é preciso investir em histórias que mostrem como uma família amorosa é possível, a fim de fazer imaginar uma realidade diferente.

> A menos que todos possamos imaginar um mundo em que a família não seja disfuncional, mas um lugar em que o amor exista em abundância, condenaremos a família a ser sempre apenas um lugar de dor. Em famílias funcionais, os indivíduos encaram conflitos, contradições, tempo de infelicidade e sofrimento, assim como nas famílias disfuncionais; a diferença está em como essas questões são confrontadas e resolvidas, em como todos lidam com momentos de crise. Famílias saudáveis resolvem conflitos sem coerção, constrangimento ou violência. Quando coletivamente movermos nossa cultura na direção do amor, poderemos ver essas famílias amorosas mais representadas na mídia. Elas se tornarão mais visíveis em todas as esferas da vida comum. Então, com esperança, ouviremos essas histórias com a mesma intensidade com que temos ouvido narrativas de dor e abuso violentos. Quando isso acontecer, a felicidade visível das famílias funcionais vai se tornar parte de nossa consciência coletiva. (hooks, 2020a: 238)

Diante dessa proposta de hooks, podemos ver *Enquanto o almoço não fica pronto...* como um caso de promoção de amor na família e, por desdobramento, na sociedade como um todo. E ainda tem um detalhe (que não é apenas detalhe): a família de que se fala é negra.

Figura 13 – A família do livro

Fonte: *Enquanto o almoço não fica pronto...*, de Sonia Rosa e Bruna Assis Brasil (Scoppio Editora Ltda., 2020).

Lendo apenas a parcela verbal do texto, imaginamos muitas famílias, mas, ao vermos as imagens de protagonistas negros, entendemos o que é representatividade, ou qual é a importância de relacionar a negritude com um imaginário de felicidade, pois a invisibilidade e o silenciamento da parcela negra da sociedade brasileira costumam ser mais um instrumento de opressão – sobretudo quando se fala de alegria, família, refeição carinhosamente preparada, brincadeiras infantis, vida digna em termos de poder aquisitivo, enfim, uma imagem aparentemente desligada da representação que se faz do negro em uma sociedade racista.

Em geral, a associação que os bens culturais costumam promover quanto à vida do negro não se pauta em cenas como as do livro, mas, infelizmente, em outras, cujos temas são dolorosos e as emoções, negativas.

Vemos, nas ilustrações desse conto, uma família bem estruturada, com direito à vovó, ao pai e à mãe em harmonia, marido que divide as tarefas com a mulher, crianças alegres, que brincam, "cantam músicas de dançar" e leem livros. Há, portanto, outros índices de valorização de comportamentos positivos na interação cotidiana, expressando a ética do amor. Em certa medida, o livro quebra expectativas não só quanto ao enredo, "não conflituoso", mas também quanto aos valores que comunica sobre o relacionamento entre as pessoas e, sobretudo, sobre a representatividade negra. Embora uma família seja sempre uma família – que pode ter arranjos bastante diversos entre seus componentes –, o fato de figurar ali uma família negra, longe de parecer banal, é marca de engajamento. Trata-se, mais uma vez, de um bem cultural que adere à "sociologia das emergências" de que fala Boaventura de Sousa Santos (2020), criando uma imagem positiva e assertiva acerca de uma parcela social comumente oprimida e relegada ao segundo plano. Não é à toa que Sonia Rosa se descreve como uma autora de literatura negro-afetiva: "Nas minhas obras, os personagens negros estão sempre em protagonismo".

Outro autor preocupado em combater a estereotipia negativa relacionada à imagem no negro e à classe social à qual está inextricavelmente ligado é Otávio Júnior. Por isso, escreve sobre "a infância nas zonas populares", como ele próprio diz em sua apresentação em *O garoto da camisa vermelha*, ilustrado por Angelo Abu (2019a). No livro, um menino sonhador muda sua vida por causa da leitura (como Otávio), ao encontrar uma caixa de livros no lixão. Como em suas outras obras, a história se ambienta na favela, figurada com seus aspectos positivos, embora não sejam omitidos os negativos.

Em *Morro dos ventos*, escrito também por Otávio e ilustrado por Letícia Moreno (2020a), ele faz uma homenagem a Vanessa Francisco Sales, mãe da menina Agatha Félix, morta por uma bala perdida. Na narrativa, o autor trata sensivelmente da reação das crianças diante da morte da menina, terminando a narrativa com um grito coletivo de paz e de luta. Em *Grande circo favela*, ilustrado por Roberta Nunes, Otávio Júnior (2020b) mostra a solidariedade entre as pessoas da favela, que ajudam a menina Ju a montar um espetáculo circense junto ao palhaço desempregado por causa do fechamento do circo. Mas é em *Da minha janela* que Júnior (2019b) coloca a própria favela no protagonismo, apresentando-a como ele a vê, com a colaboração das ilustrações de Vanina Starkoff.

Em outra *narrativa não prototípica*, isto é, em um texto predominantemente descritivo em sua superfície, a favela é exposta pela perspectiva de alguém que a conhece de dentro, e que tem consciência da necessidade da valorização das pessoas que ali moram e do ambiente majoritariamente não belicoso, apesar da imagem violenta reforçada pelas mídias. As ilustrações são muito coloridas, alegres, destoando de outras mais sóbrias e pouco luminosas como as de *O chefão lá do morro* (Júnior, 2014) e de *O menino de camisa vermelha* (Júnior, 2019a), mencionados anteriormente. Dessa vez, o amarelo, o rosa, o azul, o verde e o vermelho compõem as imagens, que mostram, em traços infantis, ruas que sobem e descem, casas simples agarradinhas umas às outras, gente bem diversa, indo, vindo, brincando, trabalhando. Em uma das cenas mostradas, a parcela verbal fixa o sentido da ilustração em página dupla com a frase "Gente indo em busca de seu tesouro" (Júnior: 2019b: 33), enquanto vemos o projeto "Ler é 10", do qual o autor já participou, uma escola e pessoas com cadernos e livros nas mãos, relacionando esse "tesouro" à busca por conhecimento. Em outra cena, vemos em uma parede a pichação do rosto de Malala, a ativista paquistanesa que luta pela educação, corroborando essa ideia.

Podemos afirmar que a obra de Otávio Júnior apresenta como característica prevalente seu *lugar de fala*, ou seja, o *lugar social* que ocupa e que, por isso, lhe dá legitimidade para tratar dos temas que elege. Assim como o *lugar de fala* do feminismo negro deve ser ocupado por pensadoras negras; ou o *lugar de fala* da mulher, por uma mulher, e não por um homem que fala, "de fora do problema", de uma mulher; o *lugar de fala* de um morador de comunidade deve ser ocupado por alguém que efetivamente vive em uma. *Da minha janela* é um título que revela esse lugar de fala do autor, além de representar seu ponto de vista cheio de esperança nas pessoas daquele lugar, pois, em sua perspectiva, o que ele vê não é a imagem estereotipada da favela, mas aquela que existe na realidade (agora materializada no livro), com muita gente interessante e alegre, que ainda tem fé na vida. Convergindo com a subjetividade do título, como um provável retrato do autor, a ilustração de capa mostra um rapaz negro, olhando pela janela de uma das casas, escrevendo em uma folha de caderno, com um varal de outros escritos por trás dele. Esse rapaz na janela comparece em outras cenas ao longo do livro, às vezes lendo, às vezes escrevendo, mantendo aceso o ponto de vista assumido pelo autor-narrador-enunciador.

Na parcela verbal, diagramada como legenda para as ilustrações, o narrador diz que vê o céu estrelado, uma igreja no alto do morro descrita como castelo iluminado, lajes, telhados remendados, muita gente, banhos de mangueira, vaga-lumes, caminhos escuros e um arco-íris. O narrador também coloca em palavras os sons da favela – conversas, brincadeiras como o microfone-sem-fio, que viram *funk*, rima e poesia –, mas também os sons que o impedem de ir à escola, deixando o leitor inferir que sejam sons de tiros, como noticiam os jornais, ou como vivenciam os moradores dos centros urbanos constituídos também por favelas. A favela vista daquela janela difere da que é mostrada nos jornais unicamente como local de violência, tráfico de drogas e troca de tiros, favorecendo o preconceito contra o lugar e contra as pessoas que moram lá, ajudando a construir um imaginário de discriminação em relação ao favelado. Entretanto, com esse livro, a segregação socioespacial urbana é problematizada, dando destaque às pessoas que vivem para uma vida melhor, em um lugar que também apresenta valores positivos, esquecidos pelas mídias de massa.

As favelas, ou comunidades, reúnem pessoas injustiçadas socialmente, sem amparo do estado, sem os direitos tão exigidos por quem já tem, mas se esquece de engrossar a luta pelos direitos dos outros. Jessé Souza (2017: 99) aponta um aspecto pertinente a respeito daquilo que Otávio mostra em *Da minha janela*:

> Nas nossas classes abandonadas, a produção desde o berço, ao contrário das classes do privilégio, é do inadaptado à competição social em todos os níveis. Primeiro, a herança vem de longe. Essa classe descende dos escravos "libertos" sem qualquer ajuda, que se junta a uma minoria de mestiços e pobres brancos também com histórico de abandono. Embora a dominação agora seja de classe e não de raça, a raça e o odioso e covarde preconceito racial continuam contando de um modo muito importante.

Torna-se imperioso mostrar às classes abandonadas que, embora não cresçam em ambientes acostumados ao estímulo aos sonhos de futuro como as classes privilegiadas, elas são capazes de conquistar seus direitos como cidadãos, o que pode refletir, consequentemente, em uma melhora em sua condição de vida. Atacadas com o deboche cotidiano, com a piada suja, com a provocação, a agressão e os assassinatos impunes, é urgente encontrar meios para o desenvolvimento da autoestima e da autoconfiança dessas classes – sobretudo, dos moradores de comunidades, que reúnem todos os estereótipos mais perniciosos, que dificultam sua inserção social. E é isso que Otávio Júnior faz por meio de seus livros, colocando uma lente de aumento em tudo o que é positivo e bonito naquilo que normalmente é excluído pelas classes dominantes, pois é contra a ideia, expressa por Jessé Souza, de que "o excluído, majoritariamente negro e mestiço, é estigmatizado como perigoso e inferior e perseguido não mais pelo capitão do mato, mas, sim, pelas viaturas de polícia com licença para matar pobre e preto" que a sociedade precisa lutar – e a arte é a mais eficaz arma para isso.

Em *Da minha janela*, a partir de um ponto de vista genuíno, mas não romântico, Otávio Júnior faz o leitor concluir que o preconceito contra "preto, pobre, favelado" precisa ser questionado, até que saia do senso comum, libertando uma importante parcela da sociedade da opressão que o estereótipo reforça todo dia.

AMAR A DIVERSIDADE

Outro tema bastante controverso que tem sido colocado em pauta ultimamente é o da diversidade sexual, ou, dito de outra maneira, da aceitação de identidades LGBTQIA+. Fugir do padrão heteronormativo e binário é uma questão complexa justamente por causa da naturalização da divisão entre homens e mulheres, que conta com uma performance própria para cada gênero, como explica Judith Butler (2017). A identidade de gênero, que inclui a compreensão sobre a orientação sexual, ganha os espaços de discussão, incluindo as artes, como construção social.

Vale dizer que não se trata da defesa de uma "pedagogia de gênero", vista como inculcação de orientação para a homossexualidade, ou para a livre "escolha de sexo" para as crianças, mas da defesa de uma educação voltada para o respeito às pessoas que não se encaixam no modelo hegemônico "homem/mulher" apregoado em nossa cultura. O preconceito em relação à diversidade de gêneros costuma cegar o conservadorismo que rejeita e segrega quem está fora do padrão heteronormativo, provocando, muitas vezes, expulsão da família e a marginalidade social. É também esse preconceito que motiva tanta violência, simbólica e física, e tantos assassinatos e suicídios de homossexuais e transexuais no Brasil. Por isso, a necessidade de dar a conhecer o problema e, mais uma vez, favorecer o *discurso amoroso* em prol da *ética do amor*.

Um conto ilustrado muito interessante nesse sentido é *Julian é uma sereia*, de Jessica Love (2021), que narra, majoritariamente por belíssimas imagens, a história de Julian, um menino que acompanha a avó em várias atividades, inclusive na natação junto com as amigas dela. São as ilustrações que mostram uma avó e um neto negros: ela, matrona, grande, gorda, de batom vermelho, de cabelos brancos, ou de turbante, sempre com roupas coloridas; ele, garoto, magrinho, às vezes com um livro grande nas mãos. Quase todas as ações são representadas somente por imagens, havendo inserções mínimas de frases, algumas contendo falas curtas de Julian e da Vozita. O menino adora sereias e se imagina uma, até que, um dia, quando chegam à casa, ele espera a avó entrar no banho para se transformar, usando a cortina como rabo de sereia e umas plantas como enfeite para a cabeça. A avó, quando se depara com a sereia Julian, com muita tranquilidade, oferece-lhe colares de contas grandes para compor o visual. Depois, vão juntos a uma espécie de desfile de fantasias muito colorido e alegre, à moda das "paradas gays", ou do carnaval, em que muitas outras sereias, além de peixes e outros seres aquáticos dançam enfileirados. Após esse episódio, Julian acompanha novamente sua avó na natação, exibindo cabelos longos, enquanto todas as senhoras usam maiôs-rabos de sereia.

Na narrativa, evidencia-se a aceitação de uma performance mais vinculada ao feminino atribuída a um menino: ele deseja ser sereia. Sua avó alimenta seu sonho, ao ajudar a compor seu visual. Todas as inferências possivelmente relacionadas à diversidade de gênero se ancoram em índices sutis, pois o desfile de fantasias pode ser simplesmente um desfile de carnaval; o mergulho na piscina com sua avó e suas colegas, todas usando rabos de sereias, como Julian, pode ser somente uma brincadeira; a roupa de sereia pode ser apenas uma fantasia para brincar. De todo modo, a não rejeição da avó quanto ao desejo do neto, contrário à expectativa social de como se veste, age ou brinca um menino, é um recado bem dado ao binarismo masculino/feminino que comanda os papéis sociais de forma geral.

Mais uma vez colocando o corpo em destaque, David Le Breton (2012: 78) relaciona a aparência de alguém à avaliação social, ou mesmo moral:

> A apresentação física de si parece valer socialmente pela apresentação moral. Um sistema implícito de classificação fundamenta uma espécie de código moral das aparências que exclui, na ação, qualquer inocência. Imediatamente faz de qualquer um que possua hábito, monge incontestável. A ação da aparência coloca o ator sob o olhar apreciativo do outro e, principalmente, na tabela do preconceito que fixa de antemão numa categoria social ou moral conforme o aspecto ou o detalhe da vestimenta, conforme também a forma do corpo e do rosto. Os estereótipos se fixam com predileção sobre as aparências físicas e as transformam naturalmente em estigmas, em marcas fatais de imperfeição moral ou de pertencimento de raça.

A ideia de que "o hábito faz o monge" é a que orienta a categorização das pessoas em função das aparências. Os atores sociais conhecem os códigos de conduta, então interagem prevendo a reação do outro diante de sua aparência física. Isso diz respeito à cor da pele, ao volume do corpo, mas também ao modo como alguém se penteia e se veste de acordo com a idade, ou com o gênero. O fato de um menino usar fantasia de menina, como na história de Julian, cria a expectativa de um possível julgamento negativo, mesmo sendo ele apenas uma criança. Entretanto, a avó, que cuida dele e, portanto, poderia repreendê-lo e reprimir seu desejo, encoraja a realização de seu sonho, independentemente do que isso possa representar socialmente. Essa é a novidade da narrativa: desconstruir a "unanimidade" quanto ao modo de *parecer* homem ou mulher, ou quanto à necessidade de marcar solidamente a aparência masculina ou feminina.

Bourdieu (2017) explica que cada um dos dois gêneros é produto do trabalho de construção diacrítica necessário à sua produção como *corpo socialmente diferenciado do gênero oposto*: é viril e, portanto, não feminino, ou é feminino e, portanto, não viril. Em geral, essa construção é automática, baseada em uma ordem física e social organizada sob o princípio de divisão androcêntrico, segundo o sociólogo. Podemos acrescentar que subverter essa ordem é um ato de coragem, seja para assumir a aparência do gênero oposto, seja para assumir uma aparência não binária, isto é, que não se identifica nem com o masculino, nem com o feminino especificamente, porque a tendência ao estigma por ser diferente, desviante dos padrões, é muito forte.

A questão da transexualidade, porém, também pode ser aventada durante a leitura de *Julian é uma sereia*, já que o menino parece se identificar com um modo de ser feminino. A partir de 2019, querer ter a aparência de um gênero – masculino ou feminino – que destoa do sexo biológico da pessoa é considerado, pela Organização Mundial da Saúde, uma condição relacionada à saúde sexual e classificada como *incongruência de gênero*, e não mais como transtorno mental. Embora a luta atual seja pela despatologização da transexualidade, esse foi um passo significativo para o combate à transfobia. Não por acaso, *Julian é uma sereia* foi lançado no mesmo ano e, graças à qualidade de sua expressão poética, ganhou mais de duas dezenas de prêmios, sendo considerado "uma celebração do respeito e do amor incondicional", como lemos na contracapa.

Outra questão relacionada à diversidade sexual que já aparece nos contos ilustrados é a homoafetividade, também encaixada na de homoparentalidade. No Brasil, poucos títulos de contos ilustrados tratam desses temas, mas podemos citar *Amor de mãe*, de Lô Carvalho (2017), ilustrado por Aline Casassa, e *Meus dois pais*, de Walcyr Carrasco (2010), ilustrado por Laurent Cardon, em uma primeira edição e, em outra, por Ana Matsusaki (2017). No primeiro, *Amor de mãe*, conta-se a história de Luan, um menino negro adotado ainda bebê por duas mulheres, que precisa escrever cartões de dia das mães – fato que, para ele, seria mais trabalhoso, já que tinha duas. Na tese *Homoparentalidade na Literatura Infantil: um contrato de comunicação "saindo do armário"*, Anabel de Paula explora a caracterização dessas mães, Belinha e Lalá, da seguinte maneira:

> A representação da personalidade de Belinha e de Lalá pode acarretar uma aproximação com um conhecimento de crença que associa atitudes a gêneros. O fato de Belinha levar Luan ao parquinho, jogar futebol com ele, brincar de dar cambalhotas antes de dormir pode vinculá-la ao universo convencionalmente masculino, conferido ao pai. E o fato de Lalá contar histórias, brincar de jogos e de fantoches, cozinhar pode relacioná-la ao domínio tradicionalmente considerado feminino, atribuído à mãe. Essa parece ser uma atitude conciliadora, cujo objetivo parece ser o preenchimento da possível falta de representações masculinas. Essas conexões também estão sugeridas na parte visual de uma cena que mostra o interior da casa para contrapor o modo diferente de ser das duas mulheres. (Paula, 2020: 134)

Embora na contracapa a sinopse da história coloque a centralidade do conto no tema da formação familiar não prototípica (em geral), é a homoparentalidade que aparece como eixo da narrativa e das descrições, predominantes no texto. Segundo Anabel de Paula, os comportamentos das mães podem ser associados, por inferência, à performance de gênero masculino e feminino, o que pode parecer uma "atitude conciliadora" com o objetivo de preencher a falta de representações masculinas na formação daquela família. Entretanto, podemos somar a essa ideia outra interpretação, atuando como uma reorganização do papel da mulher na sociedade, agora mais amplo, angariando atividades antes tidas como exclusivamente masculinas.

Já no segundo, *Meus dois pais*, conhecemos a história de Naldo, que presencia desentendimentos entre seu pai e sua mãe, até que eles se separam. Ele convive, então, mais de perto com o pai ao passar os fins de semana com ele, até que precisa ir morar definitivamente com o pai e o amigo dele, Celso. Na escola, porém, os colegas de Naldo contam para ele que o pai é *gay*, o que causa desconforto e tristeza para a criança. Em seu aniversário, porém, a mãe vai visitá-lo e o convence carinhosamente a aceitar a relação dos dois. Na distribuição das fatias de bolo, o menino declara na frente de todos que considera Celso também seu pai.

Ambas as edições apresentam ilustrações ricas, constituídas por metonímias e metáforas visuais, analisadas com detalhe na tese de Anabel. Por exemplo, na edição de 2010, a ilustradora Ana Matsusaki representou a divergência entre o pai e a mãe de Naldo usando formas geométricas: a mãe expele quadrados e retângulos pela boca e o pai, triângulos e círculos, enquanto se lê: "Se ele falava 'azul', ela respondia 'verde'". Já na edição de 2017, Aline Casassa prefere mostrar o distanciamento dos dois: cada um faz sua refeição em um cômodo diferente, posicionado de costas para o outro. Um dado interessante, porém, surge apenas na ilustração de 2017, inserindo sentidos novos, não previstos na parcela verbal do texto. Alguns personagens são figurados como negros: o namorado do pai de Naldo, a professora e alguns colegas da escola. Essa caracterização presente apenas na parcela visual sugere outros temas fraturantes correlatos à narrativa, como o racismo e o relacionamento entre brancos e negros, inclusive entre pessoas homossexuais.

Anabel de Paula (2020) faz um comentário bastante coerente em relação às histórias que tratam da homoafetividade e da homoparentalidade no mercado editorial brasileiro:

> Apesar de reconhecer a abertura desse segmento editorial à homoparentalidade, é preciso registrar que a oferta de obras que se ocupam da homossexualidade ainda é insuficiente para a demanda que o tratamento dessa questão requer no Brasil. Verifica-se uma produção tímida quanto à materialidade de textos que exponham a relação homossexual, em que haja, por exemplo, cenas de afeto entre o casal *gay* ou que versem sobre as dificuldades de inserção do casal homossexual em ambientes públicos, ou ainda, que figurem situações de *bullying*, as quais os filhos de homossexuais tenham de enfrentar nos ambientes que frequentem etc. (Paula, 2020: 186)

Seguindo essa perspectiva, podemos afirmar que há avanços, embora insuficientes, no tratamento de temas tão caros em nossa sociedade. E, mesmo que novos títulos sejam publicados, ainda teremos a barreira da seleção realizada pelos adultos, que filtra temas incômodos como esses, ainda que sejam de urgente tratamento.

Com o objetivo de falar da homossexualidade e da inserção social das pessoas homossexuais, recentemente foi lançado *Alex, o monstro do armário*, de John Brendo Diniz (2021), com ilustrações de John L. Assis de Moraes. Na história, um monstrinho simpático vive dentro do armário por ter medo das pessoas e de seus julgamentos por ele ser diferente. Como todo monstro que se esconde em um armário, um dia ele é descoberto e, claro, julgado, embora seja também compreendido por alguns. Alex vive, então, por algum tempo, envergonhado de sua aparência, porém, sendo aceito por aqueles com quem vivia, ele consegue "ser ele mesmo", assumindo sua "diferença". A questão da homossexualidade fica, mais uma vez, apenas implícita, ancorada na expressão "sair do armário", cujo sentido corrente é o de assumir essa condição. A leitura, portanto, pode ou não chegar à inferência a respeito das dificuldades que um homossexual enfrenta para ser respeitado e aceito, inclusive, por ele mesmo.

Outro exemplo é *Clara e o homem da janela*, de María Teresa Andruetto (2020), com ilustrações de Martina Trach, um conto ilustrado que coloca o foco na amizade entre uma menina e um homem que vivia isolado em sua casa, mas traz como secundária a problematização da homossexualidade. Antes da narrativa, lemos: "Esta é a história de minha mãe e de seu amigo Juan, e de como ela descobriu os livros e ele, a luz do dia".

Ilustrações muito bonitas mostram, em um ambiente rural, a história de Clara e seu amigo. Primeiro, aparece uma lavadeira debruçada no tanque, trabalhando. Ela é figurada de forma transparente, sem cor, divergindo dos outros elementos imagéticos. A mulher pede à menina para levar um cesto de roupas para o senhor da casa grande. E orienta: "Não se distraia pelo caminho. Tome cuidado. Não deixe a roupa se sujar" (Andruetto, 2020: 7-11). O senhor coloca o dinheiro embaixo do tapete e a menina pega, não sem olhar pela janela. Ele pergunta seu nome e se ela sabe ler. Na entrega seguinte, a menina encontra um livro embaixo do tapete, além do pagamento. Mais tarde, o homem convida a garota para entrar e ela começa a aproveitar os livros de sua biblioteca. Com isso, ela procura saber por que ele vive trancado naquela casa. Ele revela a razão: "Quando eu era jovem, tinha um amor, um rapaz que cuidava do meu jardim... Às vezes, íamos juntos até o córrego. Nesses momentos, eu não tinha medo da luz... Mas ele se foi e eu não tive coragem de ir com ele" (Andruetto, 2020: 36). O homem enfim sai da casa para entregar à Clara um livro que ela tinha esquecido. Ela fica satisfeita ao vê-lo do lado de fora e vai embora, mostrando ter entendido o que significa "coragem", no sentido que ele havia definido: "Coragem é a força de viver do jeito que uma pessoa quer, por aquilo em que acredita..." (Andruetto, 2020: 38).

A parcela verbal do texto é mínima em relação à imagética, muito significativa. Predominam tons terrosos, mas a menina usa vestido verde e sapatos vermelhos. A lavadeira não é a única personagem transparente: o homem, antes de se aproximar de Clara, também, além de não ter nem mesmo as feições desenhadas, mostrando, metaforicamente, o *status* de desconhecido. A amizade é iniciada pelos empréstimos de livros, revelado apenas nas imagens. Clara aparece em muitas cenas lendo, ocupando grande parte da narrativa seu processo de iniciação à leitura literária. Na casa, vários objetos confirmam a justificativa dada pelo senhor para seu enclausuramento, incluindo um retrato de dois homens andando juntos. Sua saída para "a luz" só ocorre por causa da amizade criada entre eles e em função da conversa que tiveram a respeito da coragem de viver. Metaforicamente, mais uma vez, mostra-se o valor de uma interação respeitosa e afetiva, sobretudo, quando alguém se sente oprimido pelos preconceitos, como acontece com muitos homossexuais.

Se a linguagem é o que conforma a realidade, é também ela que pode transformá-la, trazendo, discursivamente, reflexões para a renovação do imaginário coletivo baseadas em uma ética do amor, do respeito, do cuidado com o outro. Todos os contos mencionados neste capítulo apresentam as três visadas que comprovam o caráter argumentativo que subjaz à narração e que estimula a problematização de temas antes considerados tabus: *fazer saber*, *fazer sentir* e *fazer crer*. As narrativas *fazem saber* a história de personagens com os quais nos identificamos; a partir disso e com base nos recursos poéticos empregados, *fazem sentir* emoções que, mesmo não sendo as do leitor, são sentidas como se fossem e, afetando o leitor, *fazem crer* em ideias menos preconcebidas e mais pensadas pelo ponto de vista daquele que (ainda) é oprimido e/ou discriminado em nossa sociedade.

Para ler o mundo melhor

> *Há um menino, há um moleque*
> *morando sempre no meu coração*
> *Toda vez que o adulto balança*
> *ele vem pra me dar a mão.*
>
> Milton Nascimento e Fernando Brant
> ("Bola de meia, bola de gude", em *Miltons*)

A literatura infantil, ou melhor, a literatura para (todas as) crianças desperta o moleque ou a moleca que vem dar a mão para cada um de nós quando nosso "adulto" balança, como diz a canção de Milton Nascimento e Fernando Brant. Se um conto ilustrado permite que essa memória (do melhor) de nós mesmos saia de seu estado de latência e aflore, vivemos um instante de rejuvenescimento de nossas certezas enquanto "balançamos" uma maturidade muitas vezes irrefletida. É o que nos permite repensar quem somos e quem são os outros; agregar ou segregar; juntar ou separar; fruir ou endurecer-se, amar ou ser indiferente aos outros. E, se é uma criança quem lê, que ela já aprenda, durante sua socialização inicial, além das constantes interpretativas e das estruturas narrativas, a contemplar as palavras, as imagens, e a perguntar: por que o mundo é assim? Não daria para ser diferente?

Em tempos estranhos como estes, repletos de *fake news* e de ódios, reformar o pensamento é uma questão de sobrevivência da nossa espécie, que sucumbe por causa de desrespeitos, de falta de amor – ao planeta, aos miseráveis, às mulheres, aos negros, aos diversos sexualmente, entre outros desamores. Como afirma o Pastor Henrique Vieira (2022: 87), "[é] preciso resgatar o sentido mais profundo, concreto e revolucionário do amor. [...] Numa sociedade patriarcal, racista e capitalista, facilmente o conceito de amor é capturado por uma lógica individualista, privatizada e despolitizada". Acostumando-se a entender o amor como quase exclusivamente romântico, omite-se a essencialidade de uma *ética do amor*, de uma educação voltada para o respeito geral e irrestrito ao outro, ao diferente; de uma educação que nos ensine a não oprimir, nem nos deixarmos oprimir. Por isso é tão importante falar de amor, discutir como amar, aprender a "amação" como vínculo social que nos iguala a todos, mesmo sendo diferentes. É preciso ter consciência de quem somos, ou de quem nos tornamos, para que deixemos os outros também serem, ou se tornarem "pessoas visíveis", dignamente existentes.

Se "falta amor no mundo, mas também falta interpretação de texto", como disse um dia Leonardo Sakamoto, façamos um movimento em prol de sanar uma coisa e outra: pautemos nosso convívio pelo amor, pela ética amorosa, mas também invistamos no desenvolvimento da interpretação de textos e da leitura crítica, seja como professores, seja como leitores mesmo, mediadores ou não de outros leitores, como meio para espalhar respeito, tolerância, igualdade. A leitura crítica exige o domínio de algumas habilidades, como, por exemplo, a de fazer inferências, sabendo usar o conhecimento armazenado na memória para interpretar conteúdos implícitos, mas, principalmente, o domínio da habilidade de problematizar modos de dizer, comportamentos, atitudes, valores e o nosso olhar em direção ao outro, saboreando a linguagem que nos une e combatendo a que nos separa. Ler os textos para ler o mundo melhor; ler o mundo para ler melhor os textos, como ensinou Paulo Freire.

Os contos ilustrados, conjugando palavra e imagem em uma semiose singular, revestem as histórias de uma estética única, de uma poeticidade que emana da linguagem verbo-visual e dos códigos que se somam a ela. A mediação leitora, igualmente consciente e crítica, pode provocar uma reação em cadeia e propor um outro modo de ler a realidade, de ver o mundo e as pessoas. Neste livro, apostamos em contos ilustrados de alta qualidade estética, que tratam mais ou menos centralmente de temas relacionados ao discurso amoroso, aquele que transpira sociabilidades sensíveis e respeitosas nas narrativas, sempre nos provocando criticamente. Nós nos concentramos em três eixos temáticos – a representação da mulher, o antirracismo e a diversidade sexual –, mas há muitos outros temas "fraturantes" igualmente necessários para uma socialização mais amorosa.

Por tudo isso, relacionamos, na apresentação do livro, a ética do amor, como prática amorosa de resistência aos estereótipos e preconceitos, à literatura que alcança leitores de todas as idades: um *ubuntu* literário para pessoas que se nutrem da esperança de um mundo melhor (bastante possível); que combatem o sofrimento injusto causado por todo tipo de opressão social. O *discurso amoroso* de que tratamos não é o discurso romântico, dos enamorados, mas o discurso que deixa transparecer uma ética social efetivamente respeitosa, que resiste às desigualdades entre as pessoas e à hierarquização compulsória dos que têm direitos e dos que são "cancelados" na sociedade, "sub-humanizados", como são as/os que sofrem misoginia, racismo, preconceito quanto à sua sexualidade, entre outros tipos de rejeição coletiva. Tomando de empréstimo palavras do padre Júlio Lancellotti (2022: 176), militante do amor, para tentar explicar nossa perspectiva: "O amor é uma escolha. Escolha essa motivada por nossas convicções, pelos nossos ideais, mas também pela realidade do outro que clama por nossa presença". E, a fim de movimentar as pessoas para essa possível escolha, a arte literária vem ao nosso encontro.

Em síntese, *Discurso amoroso na literatura infantil* é um livro para pessoas apaixonadas pela literatura, pelo conto ilustrado, pela criticidade, pela amorosidade, pela resistência social, enfim, apaixonadas pela humanidade e cheias de esperança de um mundo melhor. É um livro que nos provoca a falar de amor, de amar, de histórias que nos narram, da poesia da linguagem verbo-visual, que tanto nos encanta e nos move em direção ao outro – e a nós mesmos. Estaremos, assim, de mãos dadas com o moleque ou com a moleca que mora dentro do nosso coração, partilhando belezas e amorosidades, como parte de um projeto maior de revanche contra o injusto egoísmo deste mundo.

Referências

ADAM, Jean-Michel. *Textos*: tipos e protótipos. Trad. Mônica Magalhães Cavalcante [et. al]. São Paulo: Contexto, 2019.

_____; HEIDMANN, Ute. *O texto literário*: por uma abordagem interdisciplinar. Trad. João Gomes da Silva Neto (org.) e Maria das Graças Soares (coord.). São Paulo: Cortez, 2011.

ALPHEN, Jean-Claude. *Adélia*. São Paulo: Pulo do Gato, 2016a.

_____. *A outra história de Chapeuzinho Vermelho*. São Paulo: Salamandra, 2016b.

_____. *Super*. São Paulo: Pulo do Gato, 2017.

ALTÉS, Marta. *Não!* Trad. Gilda de Aquino. São Paulo: Brinque-Book, 2012.

AMOSSY, Ruth. *A argumentação no discurso*. Trad. Luís Lopes Piris e Moisés Olímpio-Ferreira (Orgs.). São Paulo: Contexto, 2018.

_____; PIERROT, Anne Herschberg. *Estereótipos e clichês*. Trad. Mônica Cavalcante (Coord.). São Paulo: Contexto, 2022.

ANDRADE, Carlos Drummond de. *As impurezas do branco*. 3. ed. Rio de Janeiro: José Olympio, 1976.

_____. *Sentimento do mundo*. 5. ed. Rio de Janeiro: Record, 1999.

ANDRUETTO, María Teresa. *Por uma literatura sem adjetivos*. Trad. Carmem Cacciacarro. São Paulo: Pulo do Gato, 2012.

_____. *Clara e o homem da janela*. Ilustr. Martina Trach. Trad. Lenice Bueno. São Paulo: Ameli, 2020.

ANTONIO, Luiz. *Uma princesa nada boba*. Ilustr. Biel Carpenter. São Paulo: Cosac Naify, 2011.

AZEVEDO, Artur. *De cima para baixo*. Ilustr. Marcelo Ribeiro. São Paulo: DCL, 2004.

ASSIS, Machado de. *Conto de escola*. Ilustr. Nelson Cruz. São Paulo: Cosac Naify, 2002.

BARTHES, Roland. *Fragmentos de um discurso amoroso*. 7. ed. Trad. Hortênsia dos Santos. Rio de Janeiro: Francisco Alves, 1988.

_____. *O prazer do texto*. Trad. Maria Margarida Barahona. Lisboa: Edições 70, 2001.

BAUER, Jutta. *Selma*. Trad. Marcus Mazzari. São Paulo: Cosac Naify, 2007.

_____. *O anjo da guarda do vovô*. Trad. Christine Röhrig. São Paulo: Cosac Naify, 2009.

BECKETT, Sandra L. *Crossover fiction*. New York: Routledge, 2009.

_____. *Crossover picturebooks*: a genre for all ages. New York: Routledge, 2012.

BERGER, Peter; LUCKMANN, Thomas. *A construção social da realidade*. Trad. Floriano de Souza Fernandes. 36. ed. Petrópolis: Vozes, 2014.
BIAZETTO, Cristina. *A princesa desejosa*. Porto Alegre: Editora Projeto, 2012.
BOURDIEU, Pierre. *A dominação masculina*: a condição feminina e a violência simbólica. Trad. Maria Helena Kühner. 5. ed. Rio de Janeiro: BestBolso, 2017.
BRECHT, Bertolt. *Se os tubarões fossem homens*. Trad. Christine Röhrig. Curitiba: Olho de Vidro, 2018.
BRASIL. Conselho Nacional de Educação Pleno. *Base Nacional Comum Curricular*: Educação Infantil e Ensino Fundamental. Brasília: MEC/Secretaria de Educação Básica, 2017. Disponível em: <http://basenacionalcomum.mec.gov.br/ >. Acesso em: 26 jul. 2022.
BUARQUE, Chico. *Chapeuzinho Amarelo*. Ilustr. Donatella Berlendis. São Paulo: Berlendis e Vertecchia, 1979.
_____. *Chapeuzinho Amarelo*. Ilustr. Ziraldo Alves Pinto. São Paulo: Melhoramentos, 1997.
BUTLER, Judith. *Problemas de gênero*: feminismo e subversão da identidade. Trad. Renato Aguiar. 13. ed. Rio de Janeiro: Civilização Brasileira, 2017.
CAMARGO, Maria Amália. *Romeu suspira, Julieta espirra*. São Paulo: Salamandra, 2014.
CAMPOS, Felipe. *O perna-de-pau*. São Paulo: Duna Dueto, 2016.
CARRASCO, Walcyr. *Meus dois pais*. Ilustr. Laurent Cardon. São Paulo: Ática, 2010.
_____. *Meus dois pais*. Ilustr. Ana Matsusaki. 2. ed. São Paulo: Moderna, 2017.
CARVALHO, Lô. *Amor de mãe*. Ilustr. Aline Casassa. São Paulo: Bamboozinho, 2017.
CHARAUDEAU, Patrick. A argumentação talvez seja o que não parece ser. Trad. Maria Eduarda Giering. In: GIERING, Maria Eduarda; TEIXEIRA, Marlene. *Investigando a linguagem em uso*: estudos em Linguística Aplicada. São Leopoldo: Editora Usininos, 2004, pp. 33-44.
_____. A patemização na televisão como estratégia de autenticidade. Trad. Renato de Mello. In: MENDES, E.; MACHADO, I. L. (orgs.), *As emoções no discurso*. v. II. Campinas: Mercado Letras, 2007, pp.23-56.
_____. *Linguagem e discurso*: modos de organização. Trad. Ângela M. S. Corrêa e Ida Lúcia Machado (Coord.) São Paulo: Contexto, 2008.
_____. Imagem, mídia, política: construção, efeitos de sentido, dramatização, ética. Trad. Emília Mendes e Ivan Vasconcelos Figueiredo. In: MENDES, Emília (coord.). *Imagem e discurso*. Belo Horizonte: FALE;UFMG, 2013, pp. 382-405.
_____. Identidade linguística, identidade cultural: uma relação paradoxal. Trad. Clebson Luiz de Brito e Wander Emediato de Souza. In: LARA, Glaucia Lara; LIMBERTI, Rita Pacheco. (orgs.) *Discurso e (des)igualdade social*. São Paulo: Contexto, 2015, pp. 13-30.
_____. Compreensão e interpretação: interrogações em torno de dois modos de apreensão do sentido nas ciências da linguagem. Trad. Angela M. S. Corrêa. Site do Círculo Interdisciplinar de Análise do Discurso/Universidade Federal do Rio de Janeiro. 2019. Disponível em: <https://ciadrj.letras.ufrj.br/2019/11/21/novo-artigo-de-patrick-charaudeau-traduzido>. Acesso em: 25 jul. 2020.
COELHO, Nelly Novaes. *Literatura infantil*: teoria, análise, didática. São Paulo: Moderna, 2000.
_____. *Dicionário crítico da literatura infantil e juvenil brasileira*. São Paulo: Companhia Editora Nacional, 2006.
COLOMER, Teresa. *Introdução à literatura infantil e juvenil atual*. Trad. Laura Sandroni. São Paulo: Global, 2017.
CORMAND, Bernat. *O menino perfeito*. Trad. Dani Gutfreund. São Paulo: Livros da Matriz, 2017.
COSSON, Rildo. *Letramento literário*: teoria e prática. São Paulo: Contexto, 2006.
COUTO, Mia. *O gato e o escuro*. Ilustr. Marilda Castanha. São Paulo: Companhia das Letrinhas, 2008.
CUNHA, Léo; NEVES, André. *Um dia, um rio*. São Paulo: Pulo do Gato, 2016.
DIJK, Teun A. van. *Discurso antirracista no Brasil*: da abolição às ações afirmativas. São Paulo: Contexto, 2021.
DINIZ, John Brendo. *Alex, o monstro do armário*. Ilustr. John L. Assis de Moraes. Mogi Guaçu: Becalete, 2021.
EMEDIATO, Wander. Contrato de leitura, parâmetros e figuras do leitor. In: MARI, Hugo; WALTY, Ivete; FONSECA, Maria Nazareth (orgs.). *Ensaios sobre leitura 2*. Belo Horizonte: Editora PUC Minas, 2007, pp. 83-98.
EMICIDA. *Amoras*. Ilustrações de Aldo Fabrini. São Paulo: Companhia das Letrinhas, 2018.
ESTEVES, João Pissarra. *Sociologia da comunicação*. 2. ed. Lisboa: Fundação Calouste Gulbekian, 2016.
FERES, Beatriz dos Santos. *Leitura, fruição e ensino*: com os meninos de Ziraldo. Rio de Janeiro: EdUFF, 2011.
FRANCO, Blandina. *A raiva*. Ilustr. José Carlos Lollo. Rio de Janeiro: Pequena Zahar, 2014a.
_____. *Este não é um livro de princesas*. Ilustr. José Carlos Lollo. São Paulo: Peirópolis, 2014b.
FREIRE, Paulo. *A importância do ato de ler*. 45. ed. São Paulo: Cortez, 2003.
_____. *Pedagogia do oprimido*. 66. ed. Rio de Janeiro/São Paulo: Paz e Terra, 2018.

Referências

FREITAS, Tino. *Leila*. Ilustr. Thaís Beltrame. Belo Horizonte: Abacatte, 2019.
_____. *Os invisíveis*. Ilustr. Odilon Moraes. São Paulo: Companhia das Letrinhas, 2021.
FROMM, Erich. *A arte de amar*. Trad. Eduardo Brandão. 2. ed. São Paulo: Martins Fontes, 2015.
GARCIA, Maria Fernanda. 1 em cada 3 vítimas de estupro no Brasil tem até 11 anos de idade. *Observatório do Terceiro Setor*, São Paulo, 3 ago. 2022. Disponível em: <https://observatorio3setor.org.br/noticias/1-em-cada-3-vitimas-de-estupro-no-brasil-tem-ate-11-anos-de-idade/>. Acesso em: 5 set. 2022.
GENETTE, Gerard. *Paratextos editoriais*. Trad. Álvaro Faleiros. Cotia: Ateliê Editorial, 2009.
_____. Fronteiras da narrativa. Trad. Nícia Adan Bonatti. In: _____. *Figuras II*. São Paulo: Estação Liberdade, 2015, pp. 51-72.
GONZALEZ, Lélia. *Por um feminismo afro-latino-americano*: ensaios, intervenções e diálogos. Organização de Flávia Rios e Marcia Lima. Rio de Janeiro: Zahar, 2020.
GOTLIB, Nádia Battella. *Teoria do conto*. São Paulo: Ática, 1985.
HOOKS, bell. *Meu crespo é de rainha*. Ilustr. Chris Raschka. Trad. Nina Rizzi. São Paulo: Boitatá, 2018.
_____. *Teoria feminista*: da margem ao centro. Trad. Rainer Patriota. São Paulo: Perspectiva, 2019.
_____. *Tudo sobre o amor*: novas perspectivas. Trad. Stephanie Borges. São Paulo: Elefante, 2020a.
_____. *Ensinando pensamento crítico*: sabedoria prática. Trad. Bhuvi Libanio. São Paulo: Elefante, 2020b.
_____. *O feminismo é para todo mundo*: políticas arrebatadoras. Trad. Trad. Bhuvi Libanio. 16. ed. Rio de Janeiro: Rosa dos Tempos, 2021.
HUGHES, Emily. *Selvagem*. Trad. Maria Luiza X. de A. Borges. Rio de Janeiro: Zahar, 2015.
HUNT, Peter. *Crítica, teoria e literatura infantil*. Trad. Cid Knipel. São Paulo: Cosac Naify, 2010.
HUTCHEON, Linda. *Uma teoria da paródia*: ensinamento das formas de arte do século XX. Trad. Teresa Louro Pérez. Rio de Janeiro: Edições 70 do Brasil, 1985.
HUSTON, Nancy. *A espécie fabuladora*: uma breve estudo sobre a humanidade. Trad. Ilana Heineberg. Porto Alegre: L&PM, 2010.
JAKOBSON, Roman. *Linguística poética cinema*. 2. ed. São Paulo: Perspectiva, 2004.
JOUVE, Vincent. *A leitura*. Trad. Brigitte Hervot. São Paulo: Unesp, 2002.
JÚNIOR, Otávio. *O chefão lá do morro*. Ilustr. Angelo Abu. Belo Horizonte: Autêntica, 2014.
_____. *O garoto de camisa vermelha*. Ilustr. Angelo Abu. 2. ed. Belo Horizonte: Yellowfante, 2019a.
_____. *Da minha janela*. Ilustr. Vanina Starkoff. São Paulo: Companhia das Letrinhas, 2019b.
_____. *Morro dos ventos*. Ilustr. Letícia Moreno. São Paulo: Editora do Brasil, 2020a.
_____. *Grande circo favela*. Ilustr. Roberta Nunes. Itapira: Estrela Cultural, 2020b.
KING, Stephen Michael. *O homem que amava caixas*. Trad. Gilda de Aquino. São Paulo: Brinque-Books, 1997.
KRENAK, Aílton. *Ideias para adiar o fim do mundo*. 2. ed. São Paulo: Companhia das Letras, 2020.
LANCELOTTI, Padre Júlio. O que sinaliza o amor é o olhar. In: COEN, Monja; VIEIRA, Pastor Henrique; _____. *Sobre o amor*. Petrópolis: Vozes, 2022, pp.125-76.
LEAL, Arthur. Estupro, asfixia e sequestro de mais de 4 horas: o que a polícia sabe sobre a morte de Bárbara em MG. *O Globo*, Rio de Janeiro, 11 ago. 2022. Disponível em: <https://oglobo.globo.com/brasil/noticia/2022/08/estupro-asfixia-e-sequestro-de-mais-de-4-horas-o-que-a-policia-sabe-sobre-a-morte-de-barbara-em-mg.ghtml>. Acesso em: 11 ago. 2022.
LE BRETON, David. *A sociologia do corpo*. Trad. Sonia Fuhrmann. 6. ed. Petrópolis: Vozes, 2012.
_____. *Antropologia das emoções*. Trad. Luís Alberto S. Peretti. Petrópolis: Vozes, 2019.
LINDEN, Sophie Van der. *Para ler o livro ilustrado*. Trad. Dorothée de Bruchard. São Paulo: Cosac Naify, 2011.
LOVE, Jessica. *Julian é uma sereia*. Trad. Bruna Beber. São Paulo: Boitatá, 2021.
LUGONES, María. Colonialidade e gênero. In: HOLLANDA, Heloisa Buarque de. (org.) *Pensamento feminista hoje*: perspectivas decoloniais. Rio de Janeiro: Bazar do Tempo, 2020, pp. 52-83.
MÃE, V. H. O mau lobo. In: _____. MÃE, V. H. *Contos de cães e maus lobos*. Rio de Janeiro: Biblioteca Azul, 2018, pp. 65-70.
MACHADO, Ana Maria. *Menina bonita do laço de fita*. 9. ed. Ilustr. Claudius. São Paulo: Ática, 2011.
MAINGUENEAU, Dominique. *Discurso literário*. Trad. Adail Sobral. São Paulo: Contexto, 2006.
MARTINS, Maria Helena. *O que é leitura*. São Paulo: Brasiliense, 2006.
MARTINS, Nilce Sant'anna. *Introdução à estilística*. 3. ed. ver. e ampl. São Paulo: T. A. Queiroz, 2000.
MATHIAS, Lucas de Souza. *Mulher-maravilha, ícone feminista: uma análise dos imaginários sociodiscursivos*. Niterói-RJ, 2022. Dissertação (Mestrado em Estudos da Linguagem) – Instituto de Letras, Universidade Federal Fluminense.

MATTOS, Margareth Silva de. *Escritores consagrados, ilustradores renomados, palavra e imagem entrelaçadas*: ingredientes de contratos de comunicação literários renovados. Niterói-RJ, 2017. Tese (Doutorado em Estudos da Linguagem) – Universidade Federal Fluminense, Instituto de Letras.

MEDEIROS, Júlia. *A avó amarela*. Ilustr. Elisa Carareto. São Paulo: Ôzé, 2018.

MELLO, Roger. *Inês*. Ilustr. de Mariana Massarani. São Paulo: Companhia das Letrinhas, 2015.

MIRA, Rita. *O arquétipo da mulher na construção social da feminilidade*. Lisboa: Colibri, 2017.

MONTT, Alberto. #GraciasPorLaLucha. Disponível em: <https://twitter.com/albertomontt/status/1103979797955383301?s=20>. Acesso em: 25 nov. 2022.

MORAES, Odilon. *Rosa*. Curitiba: Olho de Vidro, 2017.

MOREYRA, Carolina. *O guarda-chuva do vovô*. Ilustr. Odilon Moraes. São Paulo: DCL, 2008.

MORIN, Edgar. *A cabeça bem-feita*: repensar a reforma, reformar o pensamento. Trad. Eloá Jacobina. 15. ed. Rio de Janeiro: Bertrand Brasil, 2008.

MOSCOVICI, Serge. *Representações sociais*: investigações em psicologia social. Trad. do inglês por Pedrinho A. Guareschi. 11. ed. Petrópolis: Vozes, 2015.

NASCIMENTO, Milton; BRANT, Fernando. Bola de gude. In: NASCIMENTO, Milton. *Miltons*. Rio de Janeiro: CBS, 1989.1 CD. Faixa 09.

NIKOLAJEVA, Maria; SCOTT, Carole. *Livro ilustrado*: palavras e imagens. Trad. Cid Knipel. São Paulo: Cosac Naify, 2011.

NÓBREGA, Francisca; CASTRO, Manuel Antonio de. Literatura infantil: questões de ser. In: *Letra*, ano 1, n. 1. Rio de Janeiro: UFRJ, jan./jul. 1980, pp. 71-83.

ORTHOF, Sylvia. *Ervilina e o princês ou "deu a louca" em Ervilina*. Rio de Janeiro: Memórias Futuras, 1986.

PAULA, Anabel Medeiros de. *Homoparentalidade na Literatura Infantil: um contrato de comunicação "saindo do armário"*. Niterói-RJ, 2020. Tese (Doutorado em Estudos da Linguagem) – Instituto de Letras, Universidade Federal Fluminense.

PAZ, Octavio. *O arco e a lira*. Trad. Ari Roitman e Paulina Wacht. São Paulo: Cosac Naify, 2012.

PEIRCE, Charles Sanders. *Semiótica*. Trad. José Teixeira Coelho Neto. 3. ed. São Paulo: Perspectiva, 2003.

PIGNATARI, Décio. O não verbal na literatura. In: _____. *Letras, artes, mídias*. São Paulo: Globo, 1995, pp. 77-9.

_____. *O que é comunicação poética*. 8. ed. Cotia: Ateliê, 2004.

PIMENTEL, Marcelo. *A flor do mato*. Curitiba: Positivo, 2018.

PIROLI, Wander. *O matador*. Ilustr. Odilon Moraes. São Paulo: Cosac Naify, 2014.

QUEIRÓS, Bartolomeu Campos de. Literatura: leitura de mundo, criação de palavra. In: YUNES, Eliana. (org.) *Pensar a leitura*: complexidades. São Paulo: Loyola, 2002, pp. 158-62.

RAMOS, Ana Margarida. A literatura para a infância em Portugal: últimas tendências. In: OLIVEIRA, Ieda de (org.). *O que é qualidade em literatura infantil e juvenil*: com a palavra o educador. São Paulo: DCL, 2011a, pp. 201-18.

_____. Apontamentos para uma poética do álbum contemporâneo. In: RECHOU, Blanca-Ana Roig; LÓPEZ, Isabel Soto; RODRÍGUEZ, Marta Neira. *O álbum na literatura infantil e xuvenil (2000-2010)*. Edicións Xerais de Galicia, 2011b, pp. 13-42.

RAMPAZZO, Alexandre. *Este é o lobo*. São Paulo: DCL, 2016.

RESENDE, Vânia Maria. *O menino na literatura brasileira*. São Paulo: Perspectiva, 1988.

RIBEIRO, Stephanie; RIBEIRO, Djamila. "A mulata Globeleza: um manifesto", 2016. Disponível em: <https://www.geledes.org.br/a-mulata-globeleza-um-manifesto/>. Acesso em: 31 ago. 2022.

ROCHA, Ruth. *Procurando firme*. Ilustr. Ivan e Marcelo. Ed. reform. São Paulo: Salamandra, 1984.

_____. *Romeu e Julieta*. Ilustr. Mariana Massarani. São Paulo: Salamandra, 2009.

_____. *A Cinderela das bonecas*. Ilustr. Mariana Massarani. São Paulo: Salamandra, 2011.

ROSA, João Guimarães. A terceira margem do rio. In: _____. *Ficção completa*: volume II. Rio de Janeiro: Nova Aguilar, 1994, pp. 409-13.

ROSA, Sonia. *Enquanto o almoço não fica pronto...* Ilustr. Bruna Assis Brasil. Rio de Janeiro: Zit, 2020.

SAFFIOTI, Heleieth. *Gênero patriarcado violência*. 2. ed. São Paulo: Expressão Popular/Fundação Perseu Abramo, 2015.

SAINT-EXUPÉRY, Antoine de. *O pequeno príncipe*. Trad. Dom Marcos Barbosa. 44. ed. Rio de Janeiro: Agir, 1996 [1943].

SANTAELLA, Lúcia. *Leitura de imagens*. São Paulo: Melhoramentos, 2012. (col. Como Eu Ensino.)

SANTOS, Boaventura de Sousa. *O fim do império cognitivo*: a afirmação das epistemologias do Sul. Belo Horizonte: Autêntica, 2020.

Referências

SCIESZKA, Jon. *A verdadeira história dos três porquinhos*. Ilustr. Lane Smith. Trad. Pedro Maia. São Paulo: Companhia das Letrinhas, 1993.

SILVA, Tarcízio. *Racismo algorítmico*: inteligência artificial e discriminação nas redes digitais. São Paulo: Edições Sesc, 2022.

SILVA, Ezequiel Theodoro da. *Criticidade e leitura*: ensaios. Campinas: Mercado de Letras/ALB, 1998.

SIPE, Lawrence R. Aprendendo pelas ilustrações nos livros-ilustrados. Trad. de Renata Nakano. In: *Leitura em revista*. Cátedra Unesco de Leitura PUC-Rio n.1, ago., 2010.

SOLÉ, Isabel. *Estratégias de leitura*. Trad. Cláudia Schilling. 6. ed. Porto Alegre: ArtMed, 1998.

SOUZA, Jessé. *A elite do atraso*: da escravidão à lava-jato. Rio de Janeiro: Leya, 2017.

VIEIRA, Pastor Henrique. A força que redime a vida. In: COEN, Monja; _____; LANCELLOTTI, Padre Júlio. *Sobre o amor*. Petrópolis: Vozes, 2022, pp. 85-124.

ZIRALDO Alves Pinto. *O menino mais bonito do mundo*. Ilustr. Ziraldo, Samir Matar e Apoena Horta Medina. São Paulo: Melhoramentos, 1983.

_____. *O menino quadradinho*. 12. ed. São Paulo: Melhoramentos, 1989.

_____. *Uma historinha sem (1) sentido*. São Paulo: Melhoramentos, 1994.

_____. *Flicts*. 30. ed. São Paulo: Melhoramentos, 1999.

ZUMTHOR, Paul. *Percepção, recepção, leitura*. Trad. Jerusa Pires Ferreira e Suely Fenerich. São Paulo: EDUC, 2000.

A autora

Beatriz Feres é professora de carreira, com atuação no ensino fundamental e médio, graduação e pós-graduação. Como pesquisadora da Universidade Federal Fluminense, investiga estratégias de leitura, linguagem verbo-visual, contos ilustrados e o discurso amoroso. Bia, como mais comumente é chamada, orienta projetos na área da Semiolinguística, explorando modos de *dizer sem dizer* (só mostrando ideias, comportamentos e sentimentos), essenciais para a interpretação de textos e, por desdobramento, para a formação de leitores críticos. É coautora de *Semiolinguística aplicada ao ensino*, publicado pela Editora Contexto.

CADASTRE-SE

EM NOSSO SITE,
FIQUE POR DENTRO DAS NOVIDADES
E APROVEITE OS MELHORES DESCONTOS

LIVROS NAS ÁREAS DE:

História | Língua Portuguesa | Educação
Geografia | Comunicação | Relações Internacionais
Ciências Sociais | Formação de professor
Interesse geral | Romance histórico

ou
editoracontexto.com.br/newscontexto

Siga a Contexto
nas Redes Sociais:
@editoracontexto

GRÁFICA PAYM
Tel. [11] 4392-3344
paym@graficapaym.com.br